ALS MEIN HERZ BRACH

Loredana:
Als mein Herz brach

Alle Rechte vorbehalten
© 2024 edition a, Wien
www.edition-a.at

Coverfoto: dieserbobby
Covergestaltung: Bastian Welzer
Satz: Bastian Welzer
Lektorat: Sophia Volpini de Maestre

Gesetzt in der Premiera
Gedruckt in Deutschland

1 2 3 4 5 — 27 26 25 24

ISBN: 978-3-99001-777-7

LOREDANA

ALS MEIN HERZ BRACH

edition a

INHALT

Die erste große Liebe	11
Die kleinen, aber feinen Unterschiede	21
Der 1461. Tag	31
Zwei Packungen Kippen am Tag	39
Das beschissenste Gefühl	53
Schlechter statt besser	63
»Alles gut, Mama«	73
Jetzt ist es offiziell	85
King Lori	107

Survival Mode	119
Das erste Date	137
Lori is back	145
Expectations	161
Love Song	171
Lori out	183

Du hast dieses Buch aus dem Regal und in die Hand genommen, weil du dir denkst: Was? Kann man Loredana, die nach außen hin so einen starken Eindruck macht, die so hart scheint, wirklich das Herz brechen? Immerhin bin ich Rapperin. Ich mache Gangstermusik. Ich rotze auf die Kamera, ich prolle mit Geld und Autos. Führe ein scheinbar perfektes Leben. Nichts und niemand kann mir etwas anhaben. Oder?

Mir soll irgendjemand das Herz brechen können? Die Antwort ist: JA. Ja, Ja und verflucht noch mal Ja.

Aber was heißt das eigentlich: das Herz brechen? Damit dein Herz bricht, muss die Person, die du liebst (und mit der du vielleicht in einer Beziehung bist) dich nicht unbedingt aktiv verletzen. Dein Herz kann auch brechen, wenn ihr beide entschieden habt, nicht mehr denselben Weg zu gehen. Niemand kann was dafür. Deswegen tut es aber nicht weniger weh. Das musste ich alles erst lernen und realisieren.

Es gibt viele Gründe, warum eine Beziehung, eine Ehe oder eine Freundschaft zu Ende gehen können. Meine Geschichte, vor allem das, was nach der Trennung in mir vorging, ist dramatisch. Zumindest für mich. Egal ob es um meine inneren Dämonen, meine Angst oder auch den Umgang mit der Öffentlichkeit in dieser schwierigen Phase geht.

Jeder darf seine eigene Geschichte natürlich für die traurigste, die dramatischste und verletzendste halten. Für mich ist meine Geschichte auch die traurigste, weil es eben meine ist, verstehst du? Ich habe sie gespürt, erfahren, gelebt.

Deswegen möchte ich dich willkommen heißen, willkommen zu meiner Geschichte. Die ich hier aufarbeiten und mit dir teilen möchte. Die ich niedergeschrieben habe, auch wenn es manchmal weh tat, noch einmal in vergangene Wunden hineinzugehen, sie noch einmal zu erleben. Auch wenn ich hier Erfahrungen aus meinem Privatleben teile, die ich früher niemals auch nur im Traum an die Öffentlichkeit gebracht hätte. Denn jetzt ist mein Herz wieder geheilt. Jetzt bin ich bereit. Nicht jeder Mensch spricht über seinen Schmerz. Viele Menschen fühlen sich damit allein. Trauer macht dich einsam. Ein Stück von dir ist gestorben und du weißt nicht, wie du es wieder zurückbekommen kannst. Ob du es wieder zurückbekommen kannst. Du weißt nicht, wie du es wieder ganz machen kannst.

Mein Herz ist gebrochen. Aber ich habe es geschafft, mein gebrochenes Herz Stück für Stück wieder zusammenzusetzen. Ich dachte, ich werde nie wieder lieben können, ich dachte, ich werde nie wieder glücklich sein können. Ich dachte: Das Leben ist scheiße. Sollte es dir jemals so gehen wie es mir ging, so, wie ich es auf den folgenden Seiten beschreibe, dann musst du eines wissen: Es wird wieder besser. Dein Herz schlägt bald stärker als je zuvor.

KAPITEL 1

Die erste große Liebe

Ihr wisst vermutlich, dass ich mit dem Mann meiner Träume verheiratet war. Zumindest war er das damals. Ich habe mit ihm eine gemeinsame Tochter, Hana. Sie erfüllt mein Leben Tag für Tag und macht es unglaublich schön. Vor dieser Ehe hatte ich zwar auch schon eine Beziehung, aber heute weiß ich, dass das eine klassische Teenager-Beziehung war. Ich dachte, es war die große Liebe, dabei war es eher eine Kindergarten-Duselei, Pillepalle, oder wie man es sonst nennen mag.

Dann habe ich meinen Ex kennengelernt. Wisst ihr, wann? Haltet euch fest. Ich habe ihn das erste Mal am Valentinstag gesehen. Fast schon kitschig, oder?

Bevor ihr jetzt fragt oder darauf wartet: Ich möchte in diesem Buch nicht erzählen, wie wir uns kennengelernt haben. Und wie schön alles am Anfang und in den Jahren danach war. Ich möchte nicht über die Rosarote-Brillen-Phase, über unsere ersten Dates oder unser intensives Kennenlernen schreiben. Diese schönen, privaten Minuten, Tage und Jahre möchte ich nicht wirklich mit irgendwem teilen. Sie gehören mir, so wie deine schönsten Momente nur dir gehören. Ich möchte in diesem Buch beschreiben, wie ich mit der Trennung umgegangen bin. Mit den weniger schönen Seiten des Lebens.

Jedenfalls war er meine erste große Liebe, das wusste ich von Anfang an. Wenn du verliebt bist, glaubst du nicht, dass dieses Gefühl jemals verschwinden kann. Du schwebst auf einer Wolke und kannst dir nicht vorstellen, sie jemals wieder verlassen zu müssen. Sie ist weich, wohlig und einfach schön.

Wir waren fünf Jahre in einer Beziehung, haben geheiratet und ich wurde schwanger. Alles war perfekt.

Ich konnte mir ein Leben ohne meinen Ex nicht mehr vorstellen. Als Hana auf die Welt kam, war die Vorstellung, nicht mehr bei ihm zu sein, so schmerzhaft, dass ich dachte, ich müsse sterben, sollte es jemals so weit kommen. Immerhin waren wir jetzt eine Familie, eine Einheit. Abgesehen von der bedingungslosen Liebe, die ich verspürte, schlich sich dennoch langsam die Angst ein. Diese Verlustangst. Die Angst davor, das zu verlieren, was einem am heiligsten ist. Ich habe mich so sehr an diesen Menschen gewöhnt, dass sich der Gedanke an ein Leben ohne ihn unmöglich anfühlte. Jeden Morgen standen wir gemeinsam auf, jeden Tag bestritten wir Seite an Seite, jeden Abend schliefen wir nebeneinander ein. Noch dazu waren wir beste Freunde. Die Allerbesten. Und wer will schon seinen besten Freund, geschweige denn seinen Mann und seinen Lebenspartner verlieren? Die Vorstellung allein erfüllte mich mit Angst. »Das würde ich nicht überleben«, dachte ich mir.

Doch irgendwann realisierte ich: Bei all den schönen Gefühlen, der Verbundenheit und Liebe gab es auch ein Gefühl der Abhängigkeit. Ich merkte allmählich, dass wir voneinander abhängig waren, zumindest war ich es.

Das nur zu denken oder hier zu schreiben, fällt mir verdammt schwer. Oh Mann, so richtig schwer. Selbst jetzt noch. Zuzugeben, dass ich plötzlich doch nicht mehr so unabhängig war, wie ich dachte. Dass ich das Gefühl hatte, seine Hilfe zu brauchen, um schwere Tüten nach dem Einkauf in die Wohnung zu tragen. Oder um meine Meinung durchzusetzen. Oder um mich vor anderen zu behaupten. Eigentlich brauchte ich diese Hilfe ja nicht, aber das ist eben die Abhängigkeit. Man ist überzeugt davon, ohne die andere Person würde man nichts mehr auf die Reihe kriegen. Ich meine damit keine emotionale Abhängigkeit, aber dieses »Ich-brauche-dich«-Gefühl.

Die emotionale Bindung, das Vertrauen, das ich mit den Jahren zu ihm aufbaute, war wiederum wunderschön, etwas ganz Besonderes. Stärker als alles, was ich davor kannte. Es war, so kitschig es auch klingt, wirklich wie eine unsichtbare Kette, die uns miteinander verband.

Ich konnte meinem Mann ALLES, wirklich alles erzählen und anvertrauen. Und das 24/7, jeden Tag der Woche, egal zu welcher Stunde, er war meine erste und oft auch einzige Ansprechperson, egal um was es ging. Gab es einen Vorfall in meiner Familie, rannte ich zu ihm. Behandelten mich meine Freunde schlecht, rannte ich zu ihm. Tat mir im Allgemeinen jemand weh oder unrecht, rannte ich zu ihm. Wenn ich im Business nicht mehr weiterwusste, Hilfe oder Rat brauchte, dann rannte ich zu ihm. Wenn es mir mal einfach schlecht ging, weil meine Emotionen verrückt spielten oder meine Nerven am Ende waren, oder, ich gebe es zu, meine Periode mich fickte, rannte ich auch zu ihm.

*Ich rannte mit allem,
egal wie belanglos die Sache
war, zu ihm.*

Ich rannte zu ihm, wenn ich für fünfzehn Minuten weg war, einkaufen oder spazieren, bloß um zu erzählen, was genau ich alles in diesen fünfzehn Minuten gemacht und erlebt hatte. Das reichte von »Schatz, die Frau an der Kasse war heute so nett zu mir« über »Der asoziale Nachbar im Lift hat heute nicht mal Hallo gesagt, geht's noch?« bis hin zu »Irgendwie hatte ich heut Bock auf Eis, also habe ich mir ein Eis geholt.« Ja, selbst, um ihm den neuesten Gossip zu erzählen oder ihn zu fragen, wie ich meine Haare machen sollte und welches Outfit er mehr feierte.

Außerdem war ich zu dieser Zeit und bin heute noch eine Person des öffentlichen Lebens, was nicht immer nur geil ist. Er war derjenige, der mich immer beschützt hat, immer für mich da war. Bei ihm fühlte ich mich sicher. Ich ging nie irgendwo ohne ihn hin. Ich wollte immer, dass mein Mann dabei ist. Wehe, jemand käme jemals auf die Idee, mich anzumachen. Vermutlich habe ich ihn auch deshalb immer gerne dabeigehabt, weil ich einfach geisteskrank schüchtern bin. Man sieht es mir zwar vielleicht nicht an, aber ich bin shy und hätte damals vermutlich allein gar nicht gewusst, wie ich mit dem plötzlichen Fame umgehen soll. Also hatte ich ihn dabei.

Uns gab es quasi nur im Doppelpack. Bonnie und Clyde eben.

Er und ich. Ich und er.

Kannst du dich noch an deine erste große Liebe erinnern? Liebst du sie noch immer, oder ist sie nur noch ein Souvenir aus deiner Vergangenheit? Was auch immer sie für dich ist oder war, sie ist etwas ganz Besonderes. Du musst sie in deinem Herzen behalten und dieses Gefühl bewahren. Sei dir aber auch bewusst, dass diese erste, unglaublich schöne Liebe, oft vergänglich ist. Und auch das ist schön. Die erste große Liebe ist oft eine geblendete Liebe. Das heißt nicht, dass sie weniger echt ist, aber sie ist eben geblendet. Vielleicht bist du noch jung, wenn du sie zum ersten Mal spürst, vielleicht weißt du noch gar nicht so genau, was Liebe für dich eigentlich bedeutet.

Behalte dieses Gefühl für immer in deinem Herzen, aber mach die erste Liebe nicht zu deinem Lebenssinn. Vergleiche nicht alles mit ihr. Denk nicht, dass jede Liebe so wie die erste sein muss. Und sei dir darüber im Klaren, dass sie vielleicht für den Moment perfekt scheint, aber nicht deine Zukunft sein muss. Und wenn sie es doch ist, dann ist es umso schöner. Erinnere dich nun aber zurück an sie. Wie war sie? Wie fühlte sie sich an? Wie ging es dir mit diesem Gefühl? Und dann genieße, was du fühlst, und sei dankbar, dass du sie erleben durftest, wo auch immer sie dich hinführte.

KAPITEL 2

Die kleinen, aber feinen Unterschiede

Nachdem Hana auf die Welt kam, war alles gut. Das Familienglück war perfekt. Doch einige Monate vergingen und plötzlich stellte ich fest, dass wir unterschiedliche Sachen wollten. Wir hatten auf einmal nicht mehr dieselben Interessen. Ich wollte mein Leben als Mama genießen, nicht mehr so viel und weit reisen, bei meiner Kleinen zu Hause bleiben und ihr meine volle Aufmerksamkeit schenken. Allein die Vorstellung, Hana drei Tage lang nicht zu sehen, deprimierte mich. Er sah das anders. Er lebte so weiter wie vor der Geburt unserer Tochter, hatte nicht die gleichen Bedürfnisse wie ich. Zum ersten Mal überkam mich das Gefühl, dass irgendetwas nicht stimmte, dass wir uns auseinanderlebten. Es waren Unterschiede da, die es so zuvor noch nicht bei uns gegeben hatte.

Allmählich zeichnete sich eine Tendenz ab, die mir nicht gefiel. Unsere Interessen gingen immer weiter auseinander, sodass wir am Ende nicht mal mehr richtig miteinander kommunizieren konnten. Da wir aber gerade erst ein Kind bekommen hatten, versuchten wir, diese Gefühle zunächst zu unterdrücken und unsere Beziehung zu retten, aufrechtzuerhalten. Für Hana, aber auch für uns. Wir wollten und mussten funktionieren.

Wozu das führte, könnt ihr euch denken. Ich wurde immer unzufriedener, ihm ging es wohl nicht anders. Von beiden Seiten war allmählich diese Angst zu spüren, diese Angst vor einer Trennung. So als hätten wir schon geahnt, dass das nicht mehr gut gehen könnte, und trotzdem versuchten wir lange, darüber hinwegzusehen. Wir taten so, als ob alles in Ordnung wäre, dabei wussten wir beide, dass es bald krachen würde. Die Angst war jedenfalls begründet. Im Nachhinein verstehe ich sie sogar noch besser. Ich meine, wir waren immerhin vier Jahre lang zusammen. 365 Tage auf vier Jahre zusammengerechnet sind 1.460 Tage. Ja, ich habe das ausgerechnet. Das ist eine verdammt lange Zeit. Wer kann behaupten, dass ihm 1.460 Tage gleichgültig sind, dass es leicht ist, so eine Zeit einfach zu beenden, einfach sein zu lassen? Nur weil mal kurz irgendwie die Interessen auseinandergehen ...

*Wir haben gesehen, wie andere
Beziehungen in die Brüche gingen,
und uns gesagt: Das wird uns nie passieren.
So werden wir nie werden.*

Wir haben so viele Dinge gemeinsam erlebt. Jahre voller schöner und tragischer Momente. Von der Geburt unserer Tochter bis hin zum Tod meines Vaters. Wir haben Menschen kommen und gehen sehen.

Selbst jetzt, wo ich über die Sache hinweg bin und mein Herz wieder ganz ist, tut es manchmal weh, darüber nachzudenken, was einmal gewesen ist. Es macht mich wahrhaftig traurig, darüber nachzudenken, was für schöne Zeiten wir hatten, aber gleichzeitig bin ich froh und dankbar.

Mit ihm durfte ich erst erfahren, was Liebe wirklich ist. Ich hätte mein letztes Stück Brot mit ihm geteilt. Ich wäre mit ihm glücklich gewesen, selbst wenn wir nichts gehabt hätten. Denn neben ihm habe ich mich immer sicher gefühlt. Egal, was für ein Scheiß los war. Neben ihm hatte ich keine Angst, vor nichts. Er war meine erste richtige, große Liebe.

Und dennoch, da waren sie. Diese ersten Risse. Diese Unterschiede, die wir beide wahrnahmen und irgendwann nicht mehr ignorieren konnten. Ich kannte dieses Gefühl. Ich erfuhr es bereits mit Freunden, ja, manche Menschen leben sich selbst mit ihrer Familie auseinander. Das kann passieren im Leben, auch wenn es ein hässliches

Gefühl ist. Ich bin mir sicher, auch du kennst dieses Gefühl.

Ich glaube, in Freundschaften passiert das ziemlich oft. Dieses Auseinanderleben. Vor allem mit alten Freunden. Du kennst dich ein Leben lang, dich verbindet so viel, eine gemeinsame Schulzeit, gemeinsame Ausflüge und Abenteuer. Ihr habt euch gegenseitig aufwachsen sehen, kennt eure Familien. Das ist so wertvoll. Und dennoch reicht es manchmal nicht, denn über die Jahre verändern wir uns. Das ist völlig normal. So wie ich mich eben irgendwie veränderte, als Hana zur Welt kam. Zum Glück, denn Muttersein ist etwas, das man nie nachfühlen kann, bis man es selbst erlebt hat. Natürlich verändert es einen. Und wenn wir uns verändern, verändern sich auch automatisch die Dynamiken unserer Beziehungen. Eigentlich logisch, oder?

Tja, damals war da für mich jedenfalls keine Rede von Logik oder Verständnis. Ich war lost. Ich spürte, dass dieses Auseinanderleben, diese Unterschiede, bald überhandnehmen würden. Ich hatte Angst. War verzweifelt. Und unterbewusst wartete ich nur noch auf den Tag X. Den Tag, der alles verändern sollte.

Solltest du jemals merken, dass du dich von einer geliebten Person entfernst oder sie sich von dir, dass ihr euch, wie man es so schön sagt, »auseinanderlebt«, dann solltest du das unbedingt ansprechen. Ich sprach es damals nicht sofort an, wartete ab, wie sich die Situation entwickeln würde. Heute weiß ich, Reden ist die beste Medizin. Es ist auch völlig in Ordnung, sich weiterzuentwickeln. Wir alle verändern uns im Laufe unseres Lebens. Manchmal passen diese Veränderungen zu unserem Gegenüber, unserem Partner oder unserer besten Freundin und ihren Entwicklungen. Manchmal aber eben auch nicht. Und das ist vollkommen normal. Niemand bleibt sein Leben lang gleich, verfolgt immer dieselben Interessen oder führt den gleichen Lebensstil, Tag ein, Tag aus, über Jahre oder Jahrzehnte hinweg. Lass dich dabei niemals von einem Partner, einem Freund, einer Bekannten oder einer Liebschaft aufhalten. Denn diese Veränderungen, die du in dir trägst und die vielleicht nicht mehr zu deinem Partner passen, sind gut. Hätte ich mich damals an meinen Ex angepasst, dann wäre ich keine gute Mutter gewesen, hätte gegen meine Werte und meine Vorstellungen gehandelt. Es ist wichtig, dass du dir treu bleibst, auch wenn das heißt, dass du dich durch deine Entwicklung von gewissen Menschen in deinem Leben entfernen wirst.

Anfangs kann das richtig hart sein. Auch mit Freunden musste ich das bereits durchmachen. Aber heute weiß ich, dass es richtig war. Du musst dir selbst und den Menschen in deinem Umfeld den Raum geben, die Person zu sein, die sie sein wollen. Wenn das nicht mehr zu dir und deinen Vorstellungen passt, dann lohnt es sich, das anzusprechen, offen zu kommunizieren. Hilft auch das Sprechen nichts mehr und ändert sich nichts an dieser auseinandergehenden Tendenz, dann bleibt leider oft nur der Cut. Abstand. Früher oder später wirst du dann spüren, ob es die richtige Entscheidung war. In den meisten Fällen, das kann ich aus Erfahrung sagen, lohnt sich dieser Schritt, auch wenn er sich anfangs schwer anfühlen mag.

KAPITEL 3

Der 1461. Tag

Tja, und dann? Es wurde nicht besser. Wir lebten nur noch nebeneinander, nicht miteinander. Wir merkten beide, dass die Luft raus ist. So sehr ich auch daran festhalten wollte, so sehr wir es hinkriegen wollten, für uns, vor allem aber für Hana, irgendwann kam die Erkenntnis, dass das nur noch eine Wunschvorstellung ist, und schon lange nicht mehr Realität.

Am 1.461. Tag entschieden wir uns, die Beziehung zu beenden. Vier Jahre, dahin. Alles schien wie ein schlechter Traum, wie das Ende eines Märchens, ohne Happy End. Warum darf ich kein Happy End haben? Was habe ich falsch gemacht? Und wie soll es jetzt weitergehen? Wie gesagt, ein Leben ohne meinen Mann konnte ich mir damals schlichtweg nicht vorstellen. Es war grauenhaft.

Als ich das erste Mal für längere Zeit weg von ihm war, waren das die schlimmsten Tage meines Lebens. Ich kann dieses Gefühl nicht erklären. Wie schlimm es war, zu wissen: Es ist vorbei. Wir sind getrennt. Die Einheit aufgebrochen. Ich verstand die Welt nicht mehr. Vielmehr gingen mir Fragen durch den Kopf wie: Ist es wirklich vorbei? Kann das sein? Einfach so?

Fuck. Haben wir es echt verschissen?

Ich dachte mir: So fühlt es sich also an, ein gebrochenes Herz? Ich redete mir ein: Morgen ist ein neuer Tag. Bestimmt wird es mir besser gehen. Aber natürlich war am nächsten Tag alles nur noch schlimmer. Und auch in der nächsten Woche, im nächsten Monat. Selbst im nächsten Jahr ...

Der Tag X, der 1.461. Tag oder welcher Tag auch immer, der Tag der Trennung, der Tag eines Verlustes oder einer Verletzung. Das ist der beschissenste Tag deines Lebens, zumindest fühlt er sich eine Zeit lang so an. Du denkst an diesen einen verdammten Tag zurück, denkst an alles, was gesagt wurde, an jedes Wort, jede Aktion, jede Berührung, jeden Augenblick. Du zerdenkst diesen Tag, du wünscht dir, er hätte so nie stattgefunden, dass du irgendwann aufwachst und alles doch nur ein verfickter Traum war. Aber du wachst nicht auf. Heute blicke ich auf diesen Tag mit gemischten Gefühlen zurück. Mein Herz ist wieder heil, ich bin glücklich, ich habe diesen Tag und alles, was davor und danach war, gut verarbeitet und meinen Frieden gefunden. Trotzdem tut es weh, daran zurückzudenken. Aber ich denke es ist wichtig, diesen Schmerz manchmal zu fühlen, dieses Gefühl wahrzunehmen und zu akzeptieren.

Wenn du auch so einen Tag hast, einen 1.461., einen Tag des Verlustes, der Trauer oder der Trennung, dann weißt du, wovon ich rede. An diesem Tag bricht für dich eine Welt zusammen. Du denkst, dein Leben wird nie wieder so sein wie davor. Wird es auch nicht.

Aber das heißt nicht, dass es nicht wieder schön, vielleicht sogar besser oder erfüllender werden kann als zuvor. Lass dich von diesem Tag nicht bestimmen, aber unterdrücke auch keine Emotionen ihm gegenüber. Verdränge ihn nicht. Er gehört nun zu deinem Leben, zu deiner Geschichte. Auch wenn er sich scheiße anfühlt, auch wenn du nichts Positives an ihm finden kannst, glaub mir: Irgendwann wird es besser. Irgendwann. Wenn du das im ersten Moment nicht hören willst, verstehe ich das. Denn bei mir wurde erst mal auch nichts besser.

Erst mal kam der komplette Kopffick.

Ja, was soll ich sagen? Ich kann diesen Tag, das Ende einer Beziehung oder einer Freundschaft nicht schönreden. Dieser Tag ist und bleibt scheiße, egal wie du damit umgehst, egal, welche weisen Worte ich dir jetzt mitgeben werde.

Die Emotion, die du an so einem Tag fühlen wirst, kannst du kaum beeinflussen. Es ist wichtig, die Trauer zuzulassen, so viel weiß ich. Versuche diesen Tag nicht zwanghaft aus deinem Gedächtnis zu verbannen. Es tut nie gut, einschneidende Erlebnisse wie eine Trennung oder einen Verlust zu verdrängen. Gehe künftig mit Verlust so um, als wäre er ein Teil von dir. Wie ein Geburtstag, oder ein Jahrestag. Natürlich musst du diesen Tag nicht feiern (haha), aber du kannst. Wie einen Neuanfang.

Oder aber du behältst ihn dir als Erinnerung im Gedächtnis, als Erinnerung daran, dass du gewachsen bist. Denn an solchen Tagen wächst man. Auch wenn du es nicht sofort bemerkst, aber von den Erkenntnissen und Lehren, die dir so ein Tag bringt, wirst du noch Jahre später profitieren.

Ich sage ja immer, nichts lässt sich erzwingen. Auch keine Beziehung, keine Freundschaft oder Liebschaft. Wenn es nicht sein soll, dann wird es enden. Irgendwann.

Und dieses Ende gilt es zu akzeptieren.

KAPITEL 4

Zwei Packungen Kippen am Tag

Die Zeit nach der Trennung war wohl eine der härtesten Phasen meines Lebens. Ich nahm in dieser Zeit stark ab. Mit meiner Größe von knapp 170 Zentimetern wog ich irgendwann bloß noch 43 Kilogramm. Als ich mit Hana schwanger war, also nur etwa sechs Monate vor der Trennung, waren es noch 83 Kilogramm. Plötzlich wog ich nur noch halb so viel. Nicht mal vor der Schwangerschaft war ich jemals so dünn gewesen. Ich rauchte zwei Packungen Zigaretten am Tag. Ich konnte nicht schlafen, nächtelang. Gleichzeitig schaffte ich es tagelang nicht aus meinem Bett heraus. Ich aß kaum mehr, nur noch, um meinen Körper irgendwie zu nähren, gesund konnte man das jedenfalls nicht nennen. Um meine Haare kümmerte ich mich teilweise über Wochen hinweg kaum, selbst das Duschen war ein Kampf. Ohne Hana hätte ich vermutlich nicht einmal das geschafft. Ich achtete nicht mehr auf mich, sondern zerstörte mich Tag für Tag mehr. Unbewusst. Ohne es zu wollen. Ich dachte: »Ich schaffe das nicht. Soll ich zurück? Soll ich ihm sagen: Lass es uns nochmal versuchen? Soll ich ihm schreiben: Ich vermisse dich? Soll ich ihn anrufen und ihm sagen: Komm sofort her, ich kann nicht ohne dich. Bitte.« Tausende Gedanken schwirrten durch meinen Kopf und fraßen mein Gehirn von innen heraus auf. Jede Minute hatte ich eine neue Idee, einen neuen Gedankenblitz, eine neue Nachricht, die ich ihm schreiben könnte, eine neue Frage, die ich ihm stellen wollte.

Natürlich habe ich nichts davon gemacht. Denn ich dachte mir, vielleicht ist es die Anhänglichkeit, die mich zurückzieht. Vielleicht ist es bloß die Gewohnheit, die mir fehlt. Der gemeinsame Alltag, der so lange mein Leben war. Doch jedes Mal, wenn ich Hana anblickte, sah ich auch sein Gesicht und die Gedankenspiralen begannen von vorne. Hana war zu diesem Zeitpunkt zwar erst fünf Monate alt, aber sah ihrem Vater unglaublich ähnlich. Das hat sich bis heute nicht geändert. Aber dieser Gedanke erfüllt mich nicht mehr mit Traurigkeit. Heute erfüllt er mich mit Stolz. Wisst ihr, was ich meine?

Naja, darum geht es jetzt nicht. Es geht darum, wie schwierig diese Trennungsphase war, vor allem als frischgebackene Mutter. Denn ich musste für Hana da sein. Ich musste stark sein, obwohl ich so schwach und zerbrechlich war. Damals stellte ich mir oft die Frage, ob nicht alles einfacher gewesen wäre, hätte ich kein Kind mit ihm gehabt. Nicht dass ihr mich falsch versteht, für nichts auf der Welt würde ich Hana und das Muttersein eintauschen. Auch während der Trennung gab es keine einzige Minute, in der ich bereut habe, Mutter zu sein. Aber ich stellte mir eben jede erdenkliche Frage, die in meinem Kopf Platz fand, so abgefuckt sie auch war, vermutlich nur, um mich noch mehr in den Wahnsinn zu treiben. Ich fragte mich, ob es ohne gemeinsames Kind einfacher gewesen wäre, denn es fühlte sich so unglaublich schwer an. Und vermutlich wäre es das gewesen. Eines muss ich euch nämlich gestehen, Leute: Mir tat nicht nur weh, dass ich meinen besten Freund, meinen Ehemann, meinen Bruder, meine Schwester, meinen Berater, meinen Kollegen, mein Alles verloren habe, es schmerzte vor allem auch, weil ich mir dachte: Fuck, ich habe nicht nur mit der Trennung zu kämpfen und mit meinen Emotionen, sondern der Vater meiner Tochter ist nun nicht mehr da.

Als ich das alles erst einmal realisierte, dachte ich nur: »Oh mein Gott, das überlebe ich nicht.« Auch wenn es dramatisch klingt, aber ich fühlte mich tatsächlich so. Fast ohnmächtig. Dann musste ich mir Gedanken darüber machen, wie ich das alles meiner Tochter erklären würde. Dabei war die Kleine ja selbst noch viel zu jung, um irgendetwas zu verstehen. Sie konnte noch nicht einmal sprechen. Bro, es waren gerade mal die ersten Tage nach der Trennung und schon dramatisierte ich alles. Ich wollte die Situation unbedingt so schlimm wie möglich für mich machen. Ich wollte mich hineinfühlen in diesen Schmerz, ich wollte diesen Liebeskummer so bewusst wie möglich spüren. Mit all seinen Facetten und Nuancen. Auch denen, die es eigentlich gar nicht gebraucht hätte.

Auch wenn ich nach außen hin stark wirke, unantastbar, kaum verletzlich, so habe ich mich in den Wochen und Monaten nach der Trennung kaum wiedererkannt. Während der vier Jahre unserer Beziehung war ich zum Beispiel nie eifersüchtig. Wirklich nie. Das war einfach nicht mein Ding, außer vielleicht in der Schwangerschaft. Puh, da spielten die Hormone verrückt. Auch da erkannte ich mich selbst nicht wieder, aber sonst war ich eigentlich nie eine eifersüchtige Person. Nach der Trennung änderte sich das schlagartig. Vielleicht hatte das auch damit zu tun, dass ich unterbewusst noch mehr Schmerz fühlen, diesen Herzschmerz so richtig durchziehen wollte. Plötzlich wollte ich alles wissen. Wo ist er? Mit wem ist er unterwegs? Was treibt er?

Hat er schon eine Neue? Leidet er genau so wie ich? Oder ist ihm das alles scheißegal? All diese Fragen beschäftigten mich permanent. Ich wollte unbedingt wissen, wie er sein Leben lebt und wie er mit der Situation umgeht, aber ich hatte keine Chance und keinen Weg, das alles so genau zu erfahren. Und das machte mich wahnsinnig.

Klar, ich hätte ihn selbst fragen, hätte ihn zur Rede stellen und die Antworten auf meine Fragen aus erster Hand bekommen können. Aber das wollte ich nicht. Immerhin waren wir ja getrennt. Das ging mich nichts an. Das sollte mich nicht interessieren. Ich glaube, es hat auch etwas mit dem Ego zu tun. Ich wollte nicht so wirken, als ob mich das alles so jucken würde. Es stand mir aber auch einfach nicht zu, jeden seiner Schritte zu verfolgen, zu fragen, was er machte und mit wem er unterwegs war. Wie gesagt, wir waren ja getrennt, ich musste seine Privatsphäre respektieren.

Die Phase kurz nach einer Trennung ist, glaube ich, immer scheiße. Aber ich muss euch sagen, ich habe das Ganze massiv unterschätzt. Ich wusste ja, dass wir uns trennen würden, sah es kommen, niemand hat den anderen krass verletzt, ist fremdgegangen oder sonst was. Ich war darauf gewissermaßen vorbereitet. Wobei man in meinen Augen ja nie auf so etwas vorbereitet sein kann. Aber wir haben uns gemeinsam dafür entschieden, nicht mehr als Paar weiterzumachen. Dann sollte danach doch alles easy sein, oder? Wir entschieden uns doch bewusst für ein Ende der Beziehung. Tja, so leicht war das dann alles leider doch nicht. Na gut, vielleicht waren es auch meine Vorstellungen, oder besser Illusionen, die unrealistisch waren. Ich redete mir immer ein, dass es einfach wäre, und am Ende zog ich die Arschkarte und dachte mir: »Degah, was denkst du eigentlich? Vier Jahre Beziehung gehen zu Ende und du denkst, dass du danach weitermachen kannst, als wäre nichts gewesen?«

*Ich dachte, ich könnte
meinen Kopf einfach abschalten.*

*Wie mit einer Fernbedienung.
Ich drücke auf Standby und alles ist gut.*

Leider war das Gegenteil der Fall. Ich dachte so viel nach wie noch nie zuvor in meinem Leben. Ich konnte meine Gedanken, meine Ängste, meine Fragen, meine Trauer und diesen ekelhaften Schmerz nicht abschalten. Auch wenn ich es noch so sehr versuchte. Ich hatte das Gefühl, meinem Mann näher zu sein, als ich es während unserer Beziehung war. Ich dachte viel mehr an ihn als zuvor. Wahrscheinlich, weil wir damals 24/7 aneinanderklebten und keine Zeit oder kein Raum für das »An-Ihn-Denken« war. Aber, mein Gott, ich dachte, wir waren getrennt und trotzdem fühlte ich mich ihm näher als je zuvor.

Die vielen Kippen, das wenige Essen, das selbstzerstörerische Verhalten und die negativen Gedankenspiralen waren wie ein Teufelskreis. Ich bereue es, mich nicht besser um mich gekümmert zu haben. Ich bereue es, dass ich kaum etwas aß, dass ich diese ekelhaften zwei Packungen Kippen am Tag rauchte. Ich bereue es, dass ich es monatelang nicht schaffte, mein Haus zu verlassen. Ich bereue es, Red Bull anstatt Wasser getrunken zu haben. Verstehst du, was ich damit sagen will? Ich akzeptiere mittlerweile die Trauer, die ich fühlte, aber ich akzeptiere nicht, wie ich damit umgegangen bin.

Ich wollte mich ja besser fühlen, aber alles, was ich tat, war, mich noch mehr zu zerstören, noch tiefer in den Schmerz hineinzugehen und neben meiner Seele auch meinem Körper zu schaden. Irgendwie wollte ich da raus. Aber irgendwie auch nicht.

Ich glaube, es ist menschlich, sich nach einem schweren Schicksalsschlag, nach einer Trennung oder einem Trauma bis zu einem gewissen Grad selbst zu zerstören. Die einen rauchen, die anderen trinken, wieder ein anderer isst, während ich nicht essen konnte. Wobei, auch ich bin mal heulend mit einem Becher Eis vor dem Fernseher auf der Couch gehangen. All das ist in Ordnung. Du musst nicht immer Little Miss Perfect sein und dein Leben total im Griff haben. Wenn es dir schlecht geht, dann darf es dir schlecht gehen. Mit allem, was dazugehört. Wichtig ist nur, dass du nicht völlig die Kontrolle verlierst. Du darfst dich zwar fallen lassen, traurig und wütend sein, mal eine Kippe mehr rauchen, einen Drink zu viel trinken und den ganzen Eisbecher auf einmal leeressen, allerdings musst du dich da auch wieder rausziehen können. Nicht sofort, aber zeitnah. Achte auf dich und deinen Körper. Treibe es nicht so weit wie ich. Ich fühlte mich nämlich nach einigen Wochen Selbstzerstörung überhaupt nicht mehr wohl. Mein Körper sah nicht mehr gesund aus, ich fühlte mich auch nicht mehr gesund. Wenn es dir bereits aufgrund psychischer Belastungen schlecht geht, dann geht es dir doppelt schlecht, wenn du auch noch deinen Körper bis zum Umfallen malträtierst. Ich wünschte manchmal, mich hätte damals jemand geschüttelt und gesagt: »Lori, wach auf, iss was, trink was anderes als Red Bull und hör auf, so viele Kippen zu rauchen!« Ich habe ja teilweise gar nicht wahrgenommen, was ich da mit mir machte. Deswegen möchte ich an dich appellieren: Egal wie schlecht es dir geht, verfalle nicht in die Selbstzerstörung. Gönne dir das, was du brauchst, um kurzfristig kleine Wunden zu heilen, aber sei dir der Folgen bewusst und suche nach anderen Wegen, dich zu heilen. Denn kein Abmagern, keine Kippen, kein Alkohol und keine Eiscreme der Welt werden deinen Schmerz heilen. Das musst du selbst in die Hand nehmen.

KAPITEL 5

Das beschissenste Gefühl

Ich glaube, egal ob eine Beziehung zu Ende geht, eine Freundschaft zerbricht, wir die Chance auf unseren Traumjob verlieren oder einen Verlust, egal in welcher Form, erfahren – der Schmerz, der zurückbleibt, ist der gleiche, wir gehen nur alle anders damit um.

In meinem Fall machte ich mir unglaublich viele Gedanken. So viele Gedanken mache ich mir heute nur noch, wenn es um meine Tochter Hana geht. Mittlerweile frage ich mich, warum gerade wir Frauen, so kommt es mir zumindest vor, uns immer so viele Gedanken machen? Warum machen wir uns nach einer Trennung oder generell wegen der Liebe, wegen Männern, Dates, Hook-Ups, so wahnsinnig? Ich meine, dadurch wird auch nichts besser. Durch das viele Nachdenken bin ich auch nicht wieder mit meinem Ex zusammengekommen. Es half mir genauso wenig dabei, den Schmerz zu verarbeiten, sondern machte ihn nur noch schlimmer. Ich meine, bin ich echt so dumm, um mir bewusst innerlich noch mehr schaden zu wollen? Oder brauchen wir manchmal einfach diese kranke Trauerphase, um irgendwie mit dem Verlust klarzukommen?

Ist das wirklich normal,
so mit Schmerz umzugehen?

Die einen besaufen sich, machen exzessiv Party und lenken sich ab. Setzen alles daran, diesen negativen Gedanken gar nicht erst die Möglichkeit zu geben, gehört zu werden. Sind die Partys dann aber vorbei, geht es auch ihnen schlecht. Für mich gab es keine Partys. Pff, Bruder, was für Partys? Jetzt im Ernst. Ich wollte nur zu Hause sein. Allein. Und weinen. Da, wo mich keiner sieht. Während andere feiern gingen, weinte ich. Heimlich, den ganzen Tag über. Das beschissenste Gefühl der Welt, ich schwöre.

Noch dazu kommt, dass ich kurz vor der Trennung meinen Vater verlor. Nur wenige Wochen bevor wir uns für das Beziehungs-Aus entschieden, verstarb mein geliebter Vater. Ruhe in Frieden, Baba. Ich wusste nicht, was ich wie und wann verarbeiten sollte. Ich wusste nicht, wo mir der Kopf stand, wie ich mit all dieser Trauer und dem Verlust umgehen sollte. Die Trennung und der Tod meines Vaters warfen mich in ein Loch. Ich versank in negativen Gedanken, machte mich verrückt und fragte mich, ob mich Gott, oder sonst eine andere höhere Kraft, bestrafen wollte. Wollte irgendetwas oder irgendjemand, dass ich leide? Es war verrückt. Es war das schlimmste Gefühl, getoppt mit dem allerschlimmsten Gefühl. Ehrlich Leute, es war der größte Dreck.

Wisst ihr, was aber noch schlimmer war? Noch beschissener als das beschissenste Gefühl der Welt? Ich hatte das Gefühl, meiner Tochter nicht gerecht zu werden. Ich hatte die Kleine den ganzen Tag bei mir. Immer. Hana war immer da. Und ich heulte. Ich dachte über mich selbst: Wie scheiße bist du eigentlich? Du heulst den ganzen Tag deinem Ex hinterher, dabei hast du so ein wunderschönes, intelligentes, süßes Kind neben dir? Du hast das größte Glück der Welt auf deinem Arm und du trauerst einer Trennung hinterher? Ich kann dieses Gefühl nicht beschreiben, aber selbst jetzt überkommen mich die unterschiedlichsten Emotionen. Ich habe Gänsehaut, gleichzeitig bin ich wütend und traurig darüber, dass ich damals so mit mir selbst und damit auch in weiterer Folge mit Hana umgegangen bin. Versteht mich nicht falsch, ich war immer für sie da, war immer eine gute Mutter, aber wie gut kann eine Mutter schon sein, die sich selbst zerstört? Wisst ihr, was ich meine?

Dieses verrückte Abnehmen, das fast schon zur Magersucht wurde. Dieses Kippenrauchen und dazu nur Red Bull trinken. Dieses: »Ich muss richtig müde sein, wenn ich ins Bett gehe, sonst kann ich nicht schlafen.« Ich hatte auf nichts mehr Bock. Nichts erfüllte mich. Menschen sprachen mit mir, erzählten mir Dinge und ich hörte ihnen nicht einmal zu. Keine Ahnung, was die gelabert haben. Ich sah nur noch durch die Menschen hindurch. Ich fühlte mich, als wäre ich ein Geist, nur noch eine Hülle, die versuchte, irgendwie durch den Tag zu kommen. Ich trieb mich selbst in den Wahnsinn, wie eine Verrückte. Dabei war Hana stets neben mir. Und sie verdient mehr als einen Geist, mehr als eine abgemagerte Mama, die sich nur von Kippen und Energydrinks ernährt. Sie verdient so viel mehr als das ...

Hana bekam zum Glück nicht allzu viel von diesem Schmerz und dieser Zerstörung mit. Für sie war ich stark, für sie war ich immer da. Wenn sie schlief, dann nutzte ich die Zeit. Ich weinte. Ich ließ alles raus, was sich so über den Tag anstaute.

Was ich in dieser beschissenen Zeit aber am meisten vermisste, war ein Leidensgenosse oder eine Leidensgenossin. Jemand, der genauso fühlte und leidete wie ich. Klar dachte ich, dass mein Ex wohl ähnlich fühlen musste. Dann wiederum dachte ich: »Degah, warum denn genau er? Warum muss er derjenige sein, mit dem ich dieses Gefühl teile? Warum habe ich keine Freundin, die gerade 1:1 das durchmacht, was ich ertragen muss?« Nicht, dass ich das jemandem wünschen würde, aber ich wünschte mir so sehr einen Menschen an meiner Seite, mit dem ich über alles sprechen könnte und der alles verstehen und nachfühlen würde. Vielleicht hätte ich mich dann nicht tagelang zu Hause einsperren müssen. Vielleicht wäre der Weg in den Supermarkt, zum Bäcker oder sogar ins Bad, um mich fertigzumachen, einfacher gewesen. Vielleicht hätte ich mich verstanden gefühlt und nicht so, als müsste ich mich, meine Emotionen, meine Trauer und meine Tränen vor der gesamten Außenwelt verstecken.

Naja, ich sag's euch, heute würde ich vieles anders machen. Das beschissenste Gefühl ist auf jeden Fall kein Einzelphänomen. Das weiß ich mittlerweile. Wir sind nicht allein mit diesem Gefühl, auch wenn es sich im Moment so anfühlt. Denn egal, wie scheiße es dir gerade geht, irgendwo hast du immer eine Leidensgenossin. Vergiss das nie.

Ich bin mir sicher, du kennst es, dieses beschissene Gefühl. Vielleicht hast du es erst vor kurzem gefühlt, bist gerade mittendrin, oder es ist schon länger her. Wann auch immer und wieso auch immer du dich so fühlest, die Frustration, die damit einhergeht, ist die gleiche. In solchen Momenten fühlen wir uns oft hilflos, allein und wie ein Häufchen Elend. Aber das müssen wir nicht, das musst du nicht! Du wirst dich vielleicht fragen, ob du verrückt bist, warum es nur dir so schlecht geht, warum du leiden musst. Aber führe dir immer und immer wieder vor Augen, dass du nicht allein bist mit diesem beschissenen Gefühl. Denk an mich, denk an all die anderen Menschen da draußen, die Ähnliches durchmachen müssen. Uns allen geht es mal dreckig, das vereint uns auch. Wir alle haben schonmal eine Träne wegen einem Typen, einer Frau, einem Freund oder einer Schwester verdrückt. Und? Macht uns das schwach oder dumm? Nein, es macht uns stärker. Wenn wir dieses beschissene Gefühl überstehen, dann überstehen wir auch das nächste. Wir werden im Leben immer wieder vor Herausforderungen gestellt. So gerne ich dir sagen würde, dass das Schlimmste schon überstanden ist, muss ich ehrlich sein: Es wird noch beschissener werden. Mit ziemlich hoher Wahrscheinlichkeit kommen in deinem Leben noch mehrere solcher Phasen auf dich zu. Manche von ihnen noch heftiger. Auch auf mich übrigens. Denn selbst wenn es mir heute gut geht, weiß ich, wie schnell einem das Leben den Boden unter den Füßen wegziehen kann. Sieh dieses Gefühl also nicht als deinen Feind an, sondern nutze es, um daran zu wachsen. Denn auch wenn es beschissen klingt, es geht immer noch beschissener.

KAPITEL 6

Schlechter statt besser

»So, Lori. Du musst jetzt mal raus.« Ich redete mir selbst ein, dass es nicht mehr so weitergehen konnte. Nach all den eingesperrten Liebeskummertagen, gefüllt mit Weinen, Overthinking und Kippen rauchen, entschloss ich mich dazu, endlich mal wieder rauszugehen. Es war an der Zeit, frische Luft zu schnappen und mein Leben wieder unter Kontrolle zu bringen, es selbst in die Hand zu nehmen. Ich war überzeugt, wenn ich mich weiter zu Hause einsperrte, würde es mir auch nicht besser gehen, draußen musste es doch besser werden, oder nicht? Ich verspürte Hoffnung, Zuversicht.

Tja, leider wurde es nicht wie erwartet besser. Im Gegenteil, ich habe mich noch einmal, sorry für die Wortwahl, komplett selbst gefickt. Ohne Witz, das war geisteskrank. Statt besser, wurde alles nur noch schlechter.

Ich ging mit meinen Freunden raus. Sie wollten mich auf andere Gedanken bringen, sprachen mich nicht auf die Thematik der Trennung an und taten so, als wäre ich mein Leben lang Single gewesen, als hätte es meinen Ex gar nicht gegeben und als wäre alles fein. Sie taten echt ihr Bestes, mich abzulenken, sie waren für mich da und das rechne ich ihnen hoch an. Ich hatte schon etwas Angst davor, wieder unter Menschen zu kommen, mich in der Öffentlichkeit zu zeigen und mein Liebeskummernest zu verlassen. Aber ich tat es trotzdem. Ich wollte stark sein, mich der Angst stellen und mich nicht noch eine weitere Woche zu Hause verbarrikadieren.

Wir setzten uns in eines meiner Lieblingsrestaurants. Wir wollten uns richtig gönnen, ich hatte es auf jeden Fall nötig, nachdem ich schon mehrere Kilos verloren und tagelang nichts Ordentliches gegessen hatte. Ich nahm die Karte in die Hand, war überrascht, dass ich plötzlich wieder so etwas wie Hunger verspürte. Das Carpaccio sollte es (vorerst) werden. Wenn ich merkte, ich könne essen, würde ich nachbestellen. Ich war zufrieden und dachte mir, das sei der erste Schritt zu einem normalen Zustand. Als der Kellner zu uns kam, war ich motiviert. Ich wollte bestellen und war schon fast übereifrig. Als er mich ansah, fragte er mich allerdings nicht nach meiner Bestellung. »Oh, heute ohne Mann hier? Wie geht es ihm?«

Bruder, ich schwöre auf alles, mir rutschte das Herz in die Hose. Innerhalb einer Millisekunde hatte ich einen Kloß im Hals, ich konnte kaum sprechen, mich nicht artikulieren, ich hatte das Gefühl, dieser Liebeskummer war plötzlich wieder völlig in mir, zehnmal schlimmer als zuvor. Mir war übel. Ich war wütend. Der Kellner konnte natürlich nichts dafür, er wusste ja nichts von der Trennung, generell wusste kaum jemand davon, schon gar nicht die Öffentlichkeit. Seine Frage war an sich harmlos, trotzdem triggerte sie mich. Ich hatte es endlich geschafft, mich zusammenzureißen, mich zurechtzumachen und mit meinen Freunden rauszugehen, nur um am Ende von einem Kellner gefragt zu werden, wie es denn meinem Mann gehen würde, wo er sei und was mit ihm wäre. Ich sag euch ehrlich, ich tat so, als würde mich die Frage null jucken. Ich antwortete so, als wäre nichts dabei, obwohl ich innerlich brannte: »Ihm geht's gut, er wartet zu Hause auf mich.«

Meine Freunde dachten, ich würde jeden Moment losheulen. Aber ich blieb standhaft, ich blieb stabil. Zumindest so lange, bis ich zu Hause ankam und allein war, denn da heulte ich direkt wieder los. Ich kann nicht mal erklären, was in dem Moment, nach diesem Restaurantbesuch, in mir vorging, aber ich dachte, ich würde das zu hundert Prozent niemals hinkriegen. Ich dachte, ich würde für immer leiden. Meine Hoffnung und meine Zuversicht, dass ich mich doch zumindest ein wenig besser fühlen würde, wenn ich rausginge, wurden zertrümmert. Ich dachte, es würde alles zumindest um ein paar Prozent besser werden, stattdessen wurde es doppelt so schlimm. Also entschloss ich mich dazu, mich wieder einzusperren. So konnte ich der Frage »Hä, Loredana, wo ist denn dein Mann?« am besten entgehen.

*Also ging alles von vorne los.
Ich sperrte mich ein und hoffte, dass der Schmerz so irgendwann vergehen würde, dass irgendwann alles besser statt schlechter wird.*

Heute weiß ich, dass das eine Fehlentscheidung war. Es lohnt sich nicht, vor seinen Ängsten wegzurennen, sich vor seinen Problemen zu verstecken und einzusperren. Wir müssen uns unseren Sorgen und unseren inneren Dämonen stellen. Wie starke Krieger und Kriegerinnen. Wenn wir abhauen, wird es später nur noch schwerer werden. Vor allem die Einsamkeit lässt das Gedankenkarussell noch schneller kreisen. Es hebt fast schon ab, so schnell dreht sich der Scheiß, wenn du nicht irgendwann Gesellschaft hast. Ich dachte, ich muss das allein durchstehen, ich dachte, ich hätte keine Energie für Menschen. Dabei hätten sie mir vermutlich die Energie gegeben, die ich so dringend brauchte. Je länger du allein bist, desto verrückter wirst du. Ich hatte nur Hana, doch mit ihr konnte ich nicht sprechen. Klar, dass dann jeder Gedanke, jede Sorge und jedes Szenario als Echo in meinem Kopf anschwoll, bis ich an nichts anderes mehr denken konnte.

Das Einzige, was ich dir in dieser Situation, also wenn alles noch schlimmer statt besser zu werden scheint, mitgeben kann, ist die Garantie, dass es irgendwann auch wieder bergauf gehen wird. Es klingt so dahingesagt, aber es stimmt. Du darfst das niemals vergessen, denn sonst wirst du in ein Loch fallen, aus dem du nur schwer wieder hinausklettern kannst. Klar, wenn du bereits am Boden bist und erneut einen Rückschlag erfährst, dann siehst du vielleicht keine Gerechtigkeit mehr im Leben, du wirst müde und hast keine Kraft, gegen diese Negativität anzukämpfen. Aber du musst immer weitermachen, egal was passiert.

KAPITEL 7

»Alles gut, Mama«

Da war ich also wieder. Allein. Zu Hause. Geschützt, unter meiner Decke, in meiner Höhle, meinem Nest. Doch da gab es ja auch Menschen, die mich sehen wollten, die wissen wollten, wie es mir ging, was mit mir los war. Neben meinen Freunden war das meine Familie.

Meine Mutter wusste lange nichts von der Trennung. Es war schrecklich, aber ich konnte es ihr einfach nicht sofort sagen. Ich wusste, ihr Herz würde in tausend Stücke zerbrechen, wenn ich ihr davon erzählte. Ich konnte das nicht verkraften, immerhin war mein Herz ja schon zerbrochen. Auch noch meine Mutter zu verletzen, das hätte ich nicht ertragen. Du musst wissen, meine Mutter hat zehn Kinder. Ja, krass, ich weiß, ich habe neun Geschwister. Von diesen zehn Kindern bin ich das jüngste. Und keines meiner verheirateten Geschwister hat sich getrennt. Scheidung gab es nicht in unserer albanischen Familie. Nicht mal unter meinen Cousinen und Cousins, und glaub mir, da gibt es einige, hat sich jemals jemand scheiden lassen.

Ich wollte meine Mutter also, solange es nur irgendwie ging, verschonen. Verschonen vor der Wahrheit. Auch das war im Nachhinein gesehen vielleicht nicht der beste Move, aber damals fühlte es sich richtig an. Ich brauchte Zeit. Wie Mütter aber eben nun mal so sind, merkte meine Nënë ziemlich schnell, dass etwas nicht stimmt. Sie hat diesen Instinkt, diesen Mutterinstinkt. Ich habe ihn auch und ich hoffe, dass Hana nie in dieser Situation sein wird, aber wenn sie es ist, dann werde auch ich spüren, dass es meinem Baby nicht gut geht. Meine Mutter fing an sich zu wundern, warum mein Ex nie da war, wenn sie zu Besuch kam. Warum er nie dabei war, wenn Hana und ich sie besuchten. Er rief sie außerdem nicht mehr an so wie früher, und sie merkte, wie schlecht es mir ging. Sie sah, wie mager ich war, wie lustlos mein Ausdruck geworden war, wie uninspiriert mein Blick schien.

Monate vergingen und immer wieder kam die Frage: »Kind, ist alles in Ordnung bei euch?« Meine Antwort war immer die gleiche: »Alles gut, Mama.« Ich redete mich raus, erklärte ihr, dass wir gerade viel zu tun hätten, er im Kosovo unterwegs wäre und ich bei Hana. Ich versuchte, der Wahrheit so lange es nur irgendwie ging zu entkommen, vielleicht wollte ich es auch selbst nicht wahrhaben, denn sobald Mama Bescheid wüsste, wäre es wohl endgültig. Vor allem aber wollte ich den Erwartungen und gesellschaftlichen

Gepflogenheiten entkommen. Ich wollte meine Mutter, meine Familie, ja auch meine Kultur nicht enttäuschen. Denn in unserer Kultur ist die Ehe viel wert. Es lässt sich bei uns Albanern kaum jemand scheiden. Familie ist das Allerwichtigste. Und ich fühlte mich so, als hätte ich versagt.

Ich hatte keinen Bock darauf mir anhören zu müssen, dass ich jetzt für immer allein bleiben würde. Denn wer nimmt schon eine geschiedene Frau mit Kind? Ich muss gestehen, diese Fragen beschäftigten mich. Wenn ich ehrlich bin, hatte ich schon ein wenig Angst davor, ich war eingeschüchtert, vielleicht wirklich nie wieder jemanden zu finden, der mich akzeptieren würde. Mich und Hana. Wenn ich das jetzt so schreibe, finde ich es ja schon fast peinlich, denn im Endeffekt sind diese dummen Vorurteile nur heiße Luft. Vielleicht und wirklich nur vielleicht ist die Chance geringer, einen Typen zu finden, weil ich bereits verheiratet war und weil ich ein Kind habe. Aber hey, no problem, für mich ist das super, das ist Natural Selection. Ein Typ, der das nicht akzeptiert, ist sowieso nicht reif genug für mich. Der hat keine Lebenserfahrung, der weiß noch nicht, dass das Leben nun mal leider nicht immer so läuft, wie wir es uns vorstellen.

Mein Traum war es immer, jung zu heiraten, fünf Kinder mit demselben Mann zu haben und mit ihm bis ans Ende gemeinsam das Leben zu bestreiten.

Bis dass der Tod uns scheidet.

Ich meine, denkt ihr wirklich, dass es mein Plan, meine Traumvorstellung war, zu heiraten, ein Kind zu bekommen und mich dann zu trennen?

Ich träumte immer von einem Märchen. Mein Märchen verlief nun allerdings vorläufig ohne Happy End. Aber denken denn die Leute, die so viel reden und so eine große Meinung haben, dass ich die Trennung einfach so locker nehme und schon darauf warte, dass der Nächste kommt?

Ich hatte jedenfalls keinen Bock auf das Getuschel und Gerede. Ich brach mal wieder alle Regeln, war das schwarze Schaf und fühlte mich wie eine Peinlichkeit für meine Familie. Ich wollte nicht, dass sich jemand für mich schämen muss. Dass sich meine Familie für mich rechtfertigen oder erklären muss. Dabei machte ich ja nichts falsch, beging keinen Fehler. Eigentlich gab es keinen einzigen Grund, mich zu verurteilen, aber ja, die Kultur ist die Kultur. Und ich muss sagen, abgesehen von meiner Mutter, hat es mir meine Familie anfangs schon schwer gemacht. Ständig löcherten sie mich mit Fragen: »Seid ihr jetzt wirklich getrennt? Was gibt es Neues? Vergiss nicht, ihr habt doch ein Kind zusammen, für das Kind müsst ihr das Beste versuchen, nicht?«

Klar, ich weiß, dass es meine Familie nur gut mit mir meinte, aber trotzdem machten diese Fragen und »Tipps« für mich alles nur noch anstrengender. Ich dachte mir: »Wollt ihr mich eigentlich verarschen? Ich weiß doch, dass ich ein Kind habe. Ich weiß, dass ich das Beste dafür tun werde, dass ich alles in meiner Macht Stehende tun werde, um diesem Kind das schönste Leben zu bereiten. Denkt ihr, ich mache das alles freiwillig? Denkt ihr, ich hab Bock darauf, mich jeden Tag einzusperren, oder wie soll ich das verstehen?« Jeder wollte wissen, warum wir uns getrennt hatten, was passiert war. Aber ich hatte keine konkrete Antwort darauf. Es hat einfach nicht mehr gepasst zwischen uns. Mehr gibt's da nicht zu sagen, auch wenn viele Menschen gerne mehr gehört hätten. Ich hätte genügend Gründe gefunden, hätte mich rechtfertigen können. Aber Bro, warum muss ich mich überhaupt vor irgendjemandem rechtfertigen? Vor Freunden, Familie oder der Öffentlichkeit? Ich will nicht, dass jemand etwas Schlechtes über meinen Ex oder unsere Beziehung denkt. Jeder betrachtet Situationen anders und nicht jeder muss auf Punkt und Komma genau wissen, warum es letztendlich nicht mehr funktioniert hat.

Naja, zurück zu Nënë. Als Gerüchte über meine Trennung an die Öffentlichkeit kamen, hörte natürlich auch meine Mutter davon. Sie bekam so die Bestätigung ihrer Vermutung. Nicht von mir, sondern von außen. Ihre Gefühle lagen richtig. Und ich muss echt sagen, Respekt an dich, Mama. Danke. Sie hat mich nie darauf angesprochen, mir unangenehme Fragen gestellt oder mich verurteilt. Im Gegenteil, sie hat mich immer wieder mit Positivität gestärkt: »Kind, ich hoffe einfach, du bist glücklich. Mach bitte immer das, was dich glücklich macht.« Diese Sätze waren das schönste Geschenk, die beste Heilung, die mir je irgendjemand bescheren konnte. Auch da habe ich wieder gemerkt, wie dumm ich war. Ich ließ mich von Angst leiten. Denn am meisten Angst hatte ich vor ihrer Reaktion. Ich konnte es meiner Mutter nicht selbst sagen. Doch sie war diejenige, die am besten mit der Situation umging. Sie war diejenige, durch die ich mich wieder gut fühlen konnte.

Ich habe in dieser Phase gelernt, dass es okay ist, Gefühle zu zeigen. Ich habe auch gelernt, auf Erwartungen und familiären sowie gesellschaftlichen Druck zu scheißen. Ich meine, das tat ich bereits mein Leben lang, warum also plötzlich damit aufhören? Ich war so unglaublich traurig, aber ich habe diese Traurigkeit nie nach außen gezeigt. Ich hatte das Gefühl, es würde auch nichts helfen, wenn ich meinen Liebeskummer mit anderen Leuten teilen würde. Heute weiß ich, dass das Bullshit ist. Heute weiß ich, dass es guttut.

Es wird immer Menschen geben, die dich verstehen, die nur das Beste für dich wollen und die dich mit einer Umarmung, mit ein paar Worten oder einem verständnisvollen Blick wieder etwas fühlen lassen. Gib ihnen die Chance dazu.

Geteiltes Leid ist halbes Leid. Früher bedeutete dieser Spruch nicht viel für mich, heute weiß ich, dass er zumindest zum Teil zutrifft. Ich will mein Leid zwar mit niemandem »teilen«, es niemandem aufzwingen oder jemanden mit in den Schmerz hineinziehen, aber ich habe gelernt, dass das Sprechen und das metaphorische Teilen des Schmerzes durchs Reden wahnsinnig guttut. Ich kann dir nur ans Herz legen, mit Menschen zu sprechen, die dir nahestehen. Du musst nicht alles allein schaffen und mit dir selbst ausmachen, auch wenn du dich stark genug dafür fühlst. Denn über seine Gefühle zu sprechen hat gar nichts mit Schwäche, sondern eher mit Stärke zu tun. Sprich mit Menschen, die dich gut kennen und wissen, was du in solchen Momenten brauchst. Denn manchmal brauchen wir keine liebgemeinten Ratschläge und schon gar keine Kritik an unseren Coping-Mechanismen. Manchmal brauchen wir tatsächlich einfach nur eine Umarmung. Über deine Probleme, deinen Liebeskummer und deine Trauer zu sprechen, fühlt sich im ersten Moment vielleicht komisch an, vielleicht tut es kurz auch nochmal mehr weh, denn du musst dich erneut mit deinem Schmerz befassen. Hast du es aber getan, dann wirst du es mit Sicherheit nicht bereuen. Probier's einfach mal aus.

KAPITEL 8

Jetzt ist es offiziell

Irgendwann kam die ganze Story also an die Öffentlichkeit. Es ging einfach nicht mehr anders. Wir versuchten lang genug, die Trennung privat zu halten, aber die Leute haben es früher oder später gerafft. Wir traten nicht mehr als Paar bei Veranstaltungen auf, wurden nicht mehr gemeinsam gesehen, die Gerüchteküche brodelte und wir mussten diesem Chaos ein Ende bereiten.

Ich wusste, dieser Schritt würde mir noch einmal einen ordentlichen Stich ins Herz, einen gewaltigen Schub von Schmerz bereiten. Noch einmal musste ich das alles durchleben. Noch mehr Fragen kamen auf mich zu. Ich dachte, ich wäre stark genug dafür. Ich habe ehrlicherweise unterschätzt, was mir noch bevorstand. Ich habe unterschätzt, was Menschen kommentieren, schreiben und sagen, auch wenn sie keine Ahnung von dem haben, was eigentlich abgeht. Ich habe unterschätzt, wie scharmlos, wie verletzend und wie ekelhaft Menschen sein können. Gleichzeitig habe ich mich selbst überschätzt. Denn ich dachte, ich komme schon damit klar. Fehlanzeige.

Nachdem die News draußen waren, ließen auch die ersten Beiträge und Schlagzeilen nicht lange auf sich warten. Die Medien sind schnell.

Oft sind Beiträge dramatisiert, falsch oder der größte Bullshit. Das juckt mich nicht. Was ich aber ziemlich schnell wahrnahm und was mich berührte, waren die vielen Kommentare. So viele Menschen waren plötzlich in mein Beziehungsende involviert. So viele Menschen hatten eine Meinung dazu, hatten etwas dazu zu sagen. Ich muss zugeben, die Hälfte dieser Kommentare war positiv, die andere Hälfte aber negativ. Und was habe ich zu dieser verdammten Zeit gemacht? Was habe ich mal wieder komplett verbockt? Ich habe mir nur die negativen Kommentare zu Herzen genommen. Ich habe nur den richtig ekelhaften, den räudigen, den gemeinen Kommentaren Beachtung geschenkt. Die Positiven habe ich nicht einmal wahrgenommen oder bewusst gelesen. Über die las ich drüber, als würden sie nichts bedeuten. Nur die negativen Kommentare, nur die waren etwas wert:

Schämst du dich nicht? Du bist
Albanerin und hast ein Kind du
Hurenmutter.

> *Wie kannst du dich von ihm trennen, wenn*
> *du ein Kind hast mit ihm?*

*Du Stück Scheiße, bestimmt bist du
ihm fremdgegangen, du Hure!!!*

*Wie kannst du dein Kind ohne Vater
erziehen lassen, schäm dich tiefgründig.*

*Du bist keine Albanerin, sondern eine
Schande für unser Land.*

*Wie kannst du das nur? Gehe zu ihm
zurück, ohne ihn wärst du nichts
gewesen.*

*Du Hure, wegen Fame verlässt du ihn
und jetzt, wo du alles hast, verpisst du
dich von ihm.*

*Denkst du dein Vater ist stolz auf dich?
Anstatt dass du für deine Beziehung
kämpfst, lässt du dein Kind ohne
Vater. DIE ARME HANA.*

*Du Stück Scheiße, lösch dich und
cancel dich, du Hure. Du bist eine
Schlampe, wie kannst du ihm das
alles antun?*

Um ehrlich zu sein, das sind noch die harmlosesten Nachrichten, die mich erreichten. Die anderen möchte ich nicht teilen, sie sind zu heftig, um sie hier nochmal niederzuschreiben und zu veröffentlichen.

Ich saß also zu Hause, gebrochen, geschwächt und traurig, als mich all diese negativen Nachrichten erreichten. Ich dachte nur noch: What the fuck? Was geht hier gerade ab? Keiner von uns, also weder mein Ex noch ich, nannten Details über die Trennung oder konkrete Gründe für das Ende der Beziehung. Keiner von uns verteufelte den anderen, das war uns wichtig. Wir verhielten uns immer respektvoll zueinander. Doch die Leute sahen mich als den Teufel. Sofort war ich die Böse. Sofort war ich es, die fremdgegangen ist. Ich hatte direkt einen Stempel auf meiner Stirn: Hure. Der nächste Stempel: schlechte Mutter. Und dann noch der Stempel: Fremdgängerin. Warum bekam ich all diese Stempel auf die Stirn geklatscht? Warum war ich plötzlich schuld an unserer Trennung? Warum war ich die Böse? Ich verstand die Welt nicht mehr. Es gab keine Fairness. Er wurde nicht beschimpft. Er wurde nicht als Arschloch, Hure, Fremdgeher oder schlechter Vater dargestellt. Im Gegenteil, er wurde verteidigt, ihm wurde Mitleid zugesprochen. Warum blieb alles an mir hängen? Das verstand ich nicht, und es machte mich fertig.

Meiner Situation halfen diese Entwicklungen jedenfalls keineswegs. Ich dachte, wenn es endlich raus ist, wenn die Öffentlichkeit endlich ihre Bestätigung hat und wir reinen Tisch machen, wird alles besser. Ich dachte, dann ist Ruhe. Aber das Gegenteil war der Fall. Ich fühlte mich wieder traurig und allein und war wütend. Mein Leben fühlte sich nicht gut an. Täglich las ich Hasskommentare, Beschimpfungen und negative Worte. Alle waren gegen mich, so fühlte es sich zumindest an. Dennoch war ich der festen Überzeugung, mich nicht dagegen wehren zu wollen. Ich wusste, ich wollte mich nicht rechtfertigen. Ich wollte den Hatern nicht sagen müssen: »Ich bin nie fremdgegangen!« Ich wollte den Menschen da draußen nicht erklären müssen, dass die Entscheidung für die Trennung von uns beiden kam und nicht von mir allein. Ich wollte nichts klarstellen, denn ich sah keinen Sinn darin. Ich meine, what the fuck? Sorry, aber Menschen sind manchmal einfach ungerecht. Es wäre sowieso egal gewesen, was ich gesagt hätte, selbst wenn ich versucht hätte, mich zu rechtfertigen. Es wurden so viele Lügen über mich verbreitet, meine Wahrheit würde das Ganze auch nicht besser machen. Denn wer würde mir schon glauben? Die, die mich durch den Dreck ziehen, denen ist gleichgültig, was wirklich Sache ist. Sie glauben eh nur das, was sie glauben wollen. Sie erfinden Geschichten, machen mir Vorwürfe, ohne auch nur einmal kurz darüber nachzudenken, wie es mir dabei gehen könnte. Versteh mich nicht falsch, als Künstlerin bin ich das gewohnt. Stehst du in der Öffentlichkeit, musst du auch mit Hate und Kritik umgehen können, aber da ich in der Trennungssituation genau sah, wie unterschiedlich mein Ex und ich behandelt wurden, wurde ich richtig wütend.

*Letztendlich war es mir scheißegal,
was die Leute von mir denken.*

Am Ende war es mir egal, was die Leute sagten, dachten oder schrieben. Es war mir egal, dass sie mich hinter meinem Rücken oder hinter ihren Bildschirmen als Hure bezeichneten, nur weil mein Ex und ich uns getrennt hatten. Es war mir sowas von scheißegal, sollte ich nie wieder einen Mann finden, weil ich eine Tochter habe mit einem Mann aus meiner Vergangenheit. Würde ich die Zeit zurückdrehen können, würde ich nichts, absolut gar nichts daran ändern. Bei Gott, ich würde sogar noch ein zweites Kind machen, damit Hana noch ein Geschwisterchen hätte.

Ich kann mit Stolz und mit Erfüllung sagen, dass ich lieber mein ganzes Leben allein bleibe, mit Hana, als einen Mann zu haben, der mich vielleicht liebt, aber meine Tochter nicht akzeptiert. Sie gehört zu mir. Sie ist ein Teil von mir. Ich bin stolz auf sie, ich bin stolz auf meinen Ex und mich, dass wir so etwas Schönes geschaffen haben. Deswegen kann ich die Clowns auch nicht ernstnehmen, die mir einreden wollen, ich sei eine schlechte Mutter oder würde nie wieder jemanden finden, weil ich eine Tochter habe, oder sonst irgendeinen Bullshit. I don't give a fuck. Sorry, aber so ist es.

Und dennoch, es tat weh.

Auch wenn es grundsätzlich völlig belanglos ist, was die Clowns da draußen denken, litt ich trotzdem unter dem ständigen Beschuss. Irgendwann berühren dich solche Dinge, ob du willst oder nicht. Auch wenn du auf alle Menschen scheißt, wenn dir das Gelaber egal ist, ganz spurlos geht es an niemandem vorbei. Wie Mobbing. Eine Zeit lang hält man es durch, man redet sich ein, dass es einen nicht juckt. Aber irgendwann läuft das Fass über. Egal wie dick die eigene Haut auch sein mag. Und ich behielt es für mich. Dieses Leid. Dann war da noch die Familie, da waren die Freunde. Die alle auf mich einredeten, sie wollten, dass ich mich wehre. Aber wozu? Ich wollte mich nicht rechtfertigen, aber sie verstanden es nicht. »Ist es dir nicht peinlich, dass die Leute denken, du bist fremdgegangen?« »Willst du nicht die Wahrheit klarstellen?« Nein. Denn warum sollte ich? Ich biss die Zähne zusammen. Ich versuchte mich nicht allzu sehr da reinziehen zu lassen und mich nicht reinzusteigern. Heute habe ich viel aus dieser Zeit gelernt. Sie hat mich stärker gemacht.

Ich muss aber auch gestehen, zum Teil war ich selbst daran schuld, dass mir das alles so naheging. Leute, ich blockierte die Kommentare nicht mal zu der Zeit. Ich kämpfte so sehr dagegen an, weil ich allen beweisen wollte, wie egal sie mir waren, dass ich nicht einmal die Kommentare löschte oder die Kommentarfunktion deaktivierte. Heute denke ich mir, bin ich eigentlich total bescheuert gewesen oder was war da los? Sonst nahm ich mir immer die Zeit, blockierte Hater, und jetzt, wo Lügen verbreitet wurden, ließ ich diese Kommentare, mit teilweise tausenden von Likes, einfach drinnen? Jetzt tat ich gar nichts dagegen? Wo war nur meine Logik? Mein Management dachte, ich bin nicht mehr ganz dicht und dass ich mich noch tiefer und mit Absicht in die Depression stürzen wollte. Aber ich dachte nur, wenn ich Kommentare löschen würde, würden die Leute denken, sie stimmen. Dann würden sie denken, dass ich etwas zu verstecken, zu verheimlichen hätte.

Ich hätte diese dummen Kommentare niemals an mich ranlassen dürfen, aber ich begann erneut, alles zu hinterfragen. Ich schob Filme, machte mir Gedanken darüber, ob ich tatsächlich eine Schande wäre, weil ich geheiratet und ein Kind bekommen hatte, aber nicht mehr mit meinem Mann und dem Vater meiner Tochter zusammen war. Es passte nicht mehr zwischen uns, das wusste ich, aber meine Gedanken spielten verrückt. Ich dachte über Möglichkeiten nach, Gefühle zu erzwingen, ich dachte darüber nach, wie es wieder so werden könnte wie früher. Aber ich fand keine Antworten. Ich fand keine rationale Lösung. Die einzige Lösung, die ich fand, hatte nichts mit meiner Ex-Beziehung, auch nichts mit den Hatern oder irgendjemandem da draußen zu tun, sondern mit mir. Mit meiner psychischen Gesundheit. Mit meinen Werten, meiner Aufrichtigkeit und meinem Weg, mit dieser Situation umzugehen.

Ich kam zu dem Entschluss, dass ich mir da selbst raushelfen musste. So stellte ich mir quasi eigene Regeln auf. Regeln, die mir dabei helfen sollten, nicht das Wesentliche aus den Augen zu verlieren, und mich daran erinnern sollten, woran ich glaubte, was mir wichtig war. Diese Regeln würden mich noch lange begleiten. Immer wieder kam ich in der Trauerphase auf sie zurück und auch heute noch lebe ich nach ihnen. Auch wenn die Trennung mittlerweile lange zurückliegt, so sind meine Werte dieselben. Jedenfalls stellte ich aus der Frustration heraus folgende Regeln für mich selbst auf:

> *1.* Ich verliere kein schlechtes Wort über meinen Ex-Mann.
> *2.* Ich rechtfertige mich vor niemandem.
> *3.* Für jeden Schritt, den ich in der Öffentlichkeit mache, übernehme ich die volle Verantwortung.
> *4.* Ich denke immer an Hana.

Ich bin ja eigentlich sonst nicht gerade der größte Fan von Regeln, aber diese Regeln habe ich nie gebrochen und werde das auch nicht tun. Egal wie sehr es meinem Image schaden kann, egal wie sehr ich mein Image verbessern könnte, würde ich gewisse Dinge sagen oder machen, ich werde mich immer an diese Regeln halten. Und ich weiß heute auch, dass mich diese Regeln aus der Scheiße gezogen haben. Nachdem ich sie aufstellte, ging es mir nämlich langsam, sehr langsam, wieder besser. Ich kann dir das nur empfehlen, wirklich. Wenn es dir mal schlecht geht, du wegen einem Typen down bist oder dich verrückt machst wegen Freunden, wegen der Meinung anderer oder auch wegen familiären Problemen, dann stell dir deine eigenen Regeln auf. Versuche, deine Werte, die Dinge, die dir am Herzen liegen, mithilfe deiner individuellen Regeln beizubehalten und schreib dir auch eine kleine Liste, so wie ich. Ich kann es echt wärmstens empfehlen.

Ich wusste, ich musste mich nicht rechtfertigen und so fing ich langsam wieder an, rauszugehen in die Öffentlichkeit. Und voila, denkt ihr, irgendjemand hätte sich getraut, mir diese geschriebenen Nachrichten ins Gesicht zu sagen? PAH! Niemand. Alle waren sie leise. Kein Mensch traute sich, mich auf offener Straße als Hure zu beschimpfen, mir ins Gesicht zu sagen, was ich für eine schlechte Frau, Mutter oder Person bin. Die haben Angst. Die wissen, dass sie bloß Bullshit schreiben, dass ich mich dagegen wehren würde in der realen Welt, dass sie lügen. Sie würden sich blamieren. Aber im Internet sind sie stark, da haben die Hater keine Angst vor Konsequenzen. Da können sie sich hinter ihren Bildschirmen verstecken. Im realen Leben kam niemand auf mich zu und hat mir die Meinung gegeigt. Wahrscheinlich, weil es in der Realität eben auch keinen Grund dafür gab.

Neben all dem Hate und der Angstmacherei, den Kommentaren darüber, dass ich wohl für immer allein bleiben werde, war mir eine Sache klar.

Ich wollte und brauchte keinen neuen Partner. Zumindest nicht sofort. Zu diesem Zeitpunkt in meinem Leben war noch nicht mal an einen neuen Mann zu denken. Wie sollte ich denn auch an einen Neuen denken, wenn ich in Gedanken ständig bei meinem Ex war? Wie sollte ich mich neu verlieben, wenn ich noch immer an diesem Ring hing, an dieser Ehe, die ja bis dahin noch immer bestand? Was viele nicht wissen: Wir sind mittlerweile zwar bereits seit fünf Jahren getrennt, geschieden sind wir allerdings erst seit kurzem. Die Scheidung ist frisch. Auch wenn es für mich schon längst ein endgültiges Aus war, so war es anfangs schwierig, die Trennung und das Verheiratet-Sein zu differenzieren. Uns war das damals nicht so wichtig, sofort die Scheidung auf Papier zu bringen, vielleicht spielte auch ein Funke Hoffnung eine Rolle dabei. Vielleicht dachten wir, irgendwann könnte es wieder funktionieren. Heute ist das natürlich alles anders, aber dazu komme ich noch. In den Monaten nach der Trennung war er jedenfalls für mich noch immer mein Mann. Hanas Vater. Wir waren immerhin eine Familie. Da waren neue Männer und Liebschaften das Letzte, woran ich dachte.

*»Das Traumpaar, Romeo und Julia, oder auch
Bonnie und Clyde genannt, Lorecana und ... haben
sich offiziell getrennt.«*

- Magazin Titelseite

Wie konnte ich auch an etwas Neues denken, wenn mich alles und jeder an ihn und unsere gemeinsame Zeit erinnerte? Schlagzeilen wie diese, über Romeo und Julia, Bonnie und Clyde, häuften sich. Nicht nur im Internet, gefühlt waren sie überall zu lesen.

Ich erinnere mich noch, als ich eines Morgens in die Tankstelle hineinging, um zu bezahlen. Ich ging zur Kasse, wartete kurz, bis ich bedient wurde, und blickte nach unten, auf die Zeitschriften. Welche Gesichter sah ich da plötzlich auf dem ersten Magazincover? Wer starrte mich an? Natürlich, mein Ex-Mann und ich. Ein Foto von uns, dazwischen ein hässlicher Photoshop-Riss, der die Trennung symbolisieren sollte. Wie in einem Comic. Dabei war das doch mein verdammtes Leben, meine Emotionen und meine Gefühle. Doch ich sah das Ganze nur auf der Tanke, auf dem Cover eines Trash-Magazins. Es war ein schlechter Witz.

Du siehst also, ich wollte raus, es ging mir auch allmählich besser, aber ich fühlte mich verfolgt. Klar, viele Menschen kamen dann mit dem Argument an: »Ihr seid eben in der Öffentlichkeit haha, das ist der Preis, den ihr dafür zahlen müsst, also kommt besser damit klar.« Ja, kein Problem. Mittlerweile habe ich das auch so akzeptiert. Ich will nicht nörgeln oder so tun, als wäre die Öffentlichkeit so grausam. Ist sie zwar manchmal, aber da bin ich lange nicht die Erste und Einzige, vor allem unter uns weiblichen Künstlerinnen, die schon viel einstecken musste. Denn nochmal: Hate bleibt Hate. Den gibt es immer. Warum ich aber als Frau so viel mehr Hate abbekam als mein Mann, das finde ich bis heute unfair. Aber hey, ich wäre nicht ich, wenn ich das zu nah an mich ranlassen würde. Es gibt gute Gründe dafür, warum ich mich nicht rechtfertige. Ich kenne die Wahrheit. Ich kenne mich. Und ich bin stolz auf mich. Vor allem aber bin ich stolz auf Hana. Und das ist das, was wirklich zählt.

Wir müssen lernen, in unserem Leben mit Kritik umzugehen. Das ist unumgänglich. Wir müssen auch eine gewisse harte Schale, ein Fell, einen Schutzschild um uns herum aufbauen, um Widerstand, ungerechtfertigte Kritik, Hass und Mobbing nicht so nah an uns ranzulassen. Denn irgendwann zerbricht selbst der stärkste Mensch daran. Ich kann nicht oft genug sagen, dass du Hater sowieso nicht ernstnehmen solltest, manchmal kommen die negativen Stimmen aber auch aus unserem engeren Umfeld. Wenn dich jemand nicht wertschätzt, eine Beziehung oder Freundschaft nicht mehr funktioniert oder jemand etwas an dir und deinem Leben nicht akzeptiert, dann scheiß auf die. Sei lieber allein, sei glücklich und zufrieden mit dir selbst und sei stolz auf dich, bevor du mit jemandem eine Beziehung eingehst, der dich nicht völlig akzeptiert und so liebt, wie du wirklich bist. Mit allem, was dazugehört. Scheiß auf alle Menschen, die dich runterziehen, die dich verändern, verbiegen oder etwas an dir verstecken wollen. Die sind es nicht wert. Du bist zu gut dafür, glaub mir. Und hör nicht immer so genau hin, wenn mal wieder jemand Scheiße über dich labert. Nimm diese Menschen nicht ernst. Die Menschen, die dir dein Glück nicht gönnen, die, die immer nur negativ über dich sprechen oder dein Verhalten verurteilen, vielleicht sogar Lügen oder Halbwahrheiten über dich verbreiten, sind selbst meistens die Ärmsten. Sie sind eifersüchtig oder ihnen ist so langweilig, dass sie nichts Besseres zu tun haben, als über uns Powermenschen zu urteilen. Scheiß auf sie.

KAPITEL 9

King Lori

Als ich mich langsam wieder in Richtung Öffentlichkeit bewegte, als ich wieder die Kraft hatte, rauszugehen, meine Freunde zu treffen und Dinge zu erleben, wurde ich erneut vor Hürden gestellt. Plötzlich musste ich über all meine Schritte nachdenken. Denn egal was ich tat, es entstand daraus noch in derselben Sekunde ein Gerücht. Auch das juckte mich per se wenig, aber wenn Falschinformationen über mich verbreitet werden, die meine Familie, vielleicht sogar mein Kind oder mein Verhältnis zum Vater meines Kindes beeinflussen, dann kann ich nicht wegsehen.

Ich fühlte mich bereits beobachtet, wenn ich nur mit einem Freund rausging, was essen oder was trinken wollte. Schon hieß es: »Sie hat direkt einen neuen Freund«, oder: »Oh mein Gott, wegen diesem Typen hat Loredana ihren Ex-Mann verlassen?«, oder: »So schnell ist sie also über ihren Ex hinweg!« Ich war ängstlich. Verunsichert. Nicht so stark und selbstbewusst wie sonst. Selbst wenn es keinen Grund gab, sich Sorgen zu machen, dachte ich über alle möglichen Absichten nach, die in mein Verhalten hineininterpretiert werden könnten. Wie ein kleiner ekliger Rattenschwanz zog ich diese Gerüchte, diese Unsicherheit und dieses Gefühl, unter Beobachtung zu stehen, durch die nächsten Monate hinter mir her. Und dieser verfickte Rattenschwanz wurde nicht kleiner, sondern immer größer, länger und buschiger. Jeder Mann, mit dem ich gesehen wurde, egal ob es ein Arbeitskollege, ein Business-Termin, der Partner einer Freundin oder selbst ein Cousin war, wurde sofort zu »meinem Neuen«. Mit jedem Mann hatte ich plötzlich was am Laufen. Mit scheinbar jedem Mann, auch mit denen, die ich in meinem Leben noch nie persönlich getroffen hatte, hatte ich Medienberichten zufolge eine Affäre. Der Wahnsinn an der Sache, und so komme ich nun doch noch einmal darauf zurück, weil es mir ein Anliegen ist: Bei meinem Ex-Mann war diese ganze Scheiße nur halb so wild. Er bekam kaum Hate ab. Er wurde nicht verurteilt, wenn er mit Frauen gesichtet wurde. Er wurde nicht im Internet zerfleischt und gehatet, beschimpft und beleidigt, so wie ich. Warum? Ich sage es nur ungerne, ich will es gar nicht wahrhaben, aber ich bin der festen Überzeugung, dass es daran liegt, dass ich eine Vagina habe. Dass ich eine Frau bin.

Warum sage ich das so ungerne? Du musst wissen, ich hatte in meiner Branche nie das Gefühl, benachteiligt zu sein. Ich hatte nie das Gefühl, dass ich es als Frau schwieriger hatte als ein Mann, dass ich ungerecht behandelt wurde. Ihr kennt mich. Ich war nie die größte Vorzeige-Feministin. Ich dachte einfach nie wirklich daran, dass es so große Unterschiede und Ungerechtigkeiten zwischen Männern und Frauen gibt. Zumindest erlebte ich sie nie selbst, ich nahm sie nie wahr. Bis zu dem Moment, als die Trennung öffentlich wurde.

Ich bezeichnete mich also bis dato nie öffentlich als Feministin. Ich sah nie einen Sinn darin. Ich mag das Frausein, bin gleichzeitig ein Macher, fühle mich gut als Frau und nicht benachteiligt wegen meines Geschlechts. Ich stehe sogar auf die klassische Rollenverteilung, bin gerne Mama, bin gerne zu Hause und koche. Aber ich liebe es genauso, mein Ding durchzuziehen, hart für meine Musikkarriere, meine Passion, zu arbeiten. Ich zog immer mein Ding durch, egal ob privat oder in der Musik. Meine Karriere lief gut, in der Öffentlichkeit war alles top, ich habe das nie an die große Glocke gehängt.

*Ich hab' Deutschrap gefickt
ohne einen Penis. Aber wen juckts?*

Auch wenn ich tief im Inneren eigentlich die größte Feministin bin und täglich unbewusst für Frauenpower einstehe und kämpfe, musste ich das nach außen hin nie so klar sagen. Nicht ohne Grund nenne ich mich King Lori. Wir Frauen sind nämlich nicht nur Queens und Prinzessinnen. Wir sind Kings. Und keiner kann uns was anderes erzählen.

Ich meine, ich habe mich in die Männerwelt, in die männerdominierte Rapwelt reingeschlichen. Musikalisch und vor allem raptechnisch, ohne einen Schwanz zu haben. Aber nochmal, wen juckt das? Ich hatte es nicht schwer als Frau, ich bin ehrlich. Ich wurde akzeptiert so wie ich bin, ich konnte durch meine Musik beweisen, was ich draufhabe, ich wurde für mein Talent gefeiert, nicht für meine Brüste oder mein Aussehen. Nicht für einen Schwanz, den ich nicht habe, sondern für mein Talent und meine Leidenschaft. Ich arbeitete mit den Jungs im Studio an meinen Tracks und keiner von ihnen dachte sich »Oh Gott, Billig-Rap-Scheiße«, weil ich eine Frau bin. Jeder fand den Vibe gut, fand die Musik mega und der erste Song wurde von Anfang an gut aufgenommen und akzeptiert. Ich fühlte mich im professionellen Setting nicht benachteiligt. Klar gab es immer wieder dumme Kommentare wie:

*»Halt's Maul, du gehörst
in die Küche, geh putzen.«*

Heute kann ich dazu nur sagen: Ja! Ich koche in der Küche, gerne sogar, aber genauso koche ich auch im Studio. Ich mag es zu putzen, ich schmeiße den Haushalt wie ein King. Ich liebe es, mich um meine Liebsten zu kümmern, Hausfrau, Mutter und Frau zu sein. Aber diese Seite wollte ich nie zeigen. Ich wollte meine Privatsphäre wahren. Es musste mich nicht jeder als diese Frau sehen. Vielleicht war es auch ein Schutzmechanismus. Draußen, in der Öffentlichkeit, war ich eher männlich, dominant, stark. King Lori eben. Zu Hause war ich schon immer die klassische, feminine Frau. Fast schon ein Klischee, mit dem Rock stehe ich am Herd und koche, danach putze ich alles. Und es macht mich glücklich. Es erfüllt mich. Auch dabei fühle ich mich wie ein King.

Welche Art von Frau du auch sein willst, wie ich mich draußen zeige und wie ich zu Hause bin, ob ich mich heute als Prinzessin, als King, als Mama, als Köchin, als Gangster, als Rapperin oder einfach als Lori fühle, ich habe die gleichen Rechte verdient wie jeder Mann auch. Ich will gleichbehandelt werden wie jeder Mensch mit Schwanz da draußen. Und diese Gleichheit gab es plötzlich nicht mehr. Mit der Trennung wurde mir das zum ersten Mal so richtig bewusst. Zum ersten Mal bemerkte ich, dass es gegen Frauen krasse Vorurteile gibt. Ich wollte das nie wahrhaben. Ich dachte nie daran, dass es einen Unterschied zwischen Mann und Frau geben kann. Wir haben dieselben Rechte und so verhalte ich mich auch, danach lebe ich. Anscheinend lebte ich in einer kleinen behüteten Traumwelt. Denn plötzlich war ich an allem schuld. Ich wurde angegriffen, beschimpft, beleidigt. Und ihm blieb das gänzlich erspart. Warum denn? Sag mir, warum?

*Bis heute ist meine Frage:
Warum war ich die Böse?*

Warum war ich die Hure, die Fremdgeherin, der Grund für die Trennung? Selbst heute, Jahre später, macht mich das wütend. Selbst jetzt, während ich diese Zeilen schreibe, bin ich sprachlos, verwirrt. Ich kann die Vergangenheit nicht ändern. Ich kann die Meinung, die Vorurteile und den Hass in den Menschen nicht ändern. Selbst wenn jemand dieses Buch liest und danach meint, ich bin trotzdem schuld an allem, ich bin eine Hure, ich bin schlecht. Dann soll es so sein. Ich kann niemanden zwingen, seine Meinung zu ändern. Aber ich kann dennoch darauf aufmerksam machen, dass es Ungerechtigkeiten gibt. Ungerechtigkeiten, die nicht nur mich betreffen. Ungerechtigkeiten, die nicht nur Künstlerinnen, Frauen in der Musikwelt oder in der Öffentlichkeit betreffen. Nein, solche Ungerechtigkeiten gibt es jeden Tag, überall, und sie betreffen alle Frauen da draußen. Deswegen schreibe ich auch darüber. Nicht, weil es nur um mich geht, sondern weil ich hoffe, dass es irgendwann einfacher wird für uns. Dass wir uns nicht ewig diesen Bullshit anhören müssen, immer die Huren, die Langweiligen, die Verrückten oder die Hässlichen zu sein.

Wir sind Frauen. Und wir sind Kings.

Versuche dich in jeder Lebenslage daran zu erinnern, dass du King bist. Was auch immer du machst. Wenn du das Gefühl hast, dass Menschen auf dich hinabschauen, oder dich aufgrund deines Geschlechts, deiner Herkunft oder anderer Merkmale verurteilen, dann zeig ihnen, wer hier der King ist. Die können dir alle gar nichts, denn die haben Erbsenhirne. Keiner kann mir erzählen, dass ich einen Menschen ernstnehmen soll, der denkt, dass alle Frauen Huren sind und hinter den Herd gehören. Oder dass jemand intelligent ist, der Menschen aufgrund ihres Backgrounds, ihres Geschlechts, ihrer Kultur oder ihrer Religion verachtet und verurteilt. Pah, wir sollten diese Menschen verurteilen. Hast du jemals das Gefühl im Beruf, im privaten Umfeld, nach einer Trennung oder in einer Wettkampf-Situation ungerecht behandelt zu werden, dann nimm das nicht einfach so hin. Sprich darüber, wie ich es hier tue, damit wir diesen Bullshit und diesen Hass gemeinsam bekämpfen können. Wenn wir laut genug darüber sprechen und allen zeigen, wer hier die Kings sind, können wir vielleicht etwas bewirken.

KAPITEL 10

Survival Mode

Bist du ein Beziehungsmensch? Oder bist du lieber Single? Gehst du gerne feiern und bist ungebunden, oder kuschelst du dich gerne zu Hause mit deinem Liebsten ein? Bis zu der Trennung von meinem Ex-Mann wusste ich nicht genau, wie sehr ich es eigentlich hasse, Single zu sein. In der Phase nach der Trennung realisierte ich das aber relativ schnell.

Allmählich ging es wieder. Ich kriegte mich ein. Ich heulte nicht mehr täglich allein in meinem Bett und konnte mit der Situation langsam, aber sicher, Schritt für Schritt, besser umgehen. Ich gewöhnte mich ein wenig daran, dass ich jetzt nun mal Single war. Wobei gewöhnen schon fast übertrieben ist, sagen wir, ich akzeptierte den Zustand. Wenn ich aber wirklich ehrlich zu mir und zu dir bin, dann muss ich gestehen, dass ich diesen Zustand, also das Single-Sein, gehasst habe. Ich wünschte, ich hätte es mal geliebt und gefeiert, Single zu sein. Ich wünschte, ich hätte meinen Hot-Girl-Summer gehabt, wäre um die Häuser gezogen und hätte mich ausgetobt und Spaß daran gehabt, wieder Solo zu sein. Aber nein. Ich hasste es. Ich weiß auch nicht, wie ich das erklären soll, aber ich bin eben der geborene Beziehungsmensch. Ich liebe es, in einer Beziehung zu sein.

Einen Partner an meiner Seite zu haben. Dieses Gefühl, nach Hause zu kommen und da ist jemand, der neben deiner Tochter auf dich wartet. Dieses Gefühl, von jemandem aus tiefstem Herzen geliebt und wertgeschätzt zu werden und dasselbe für die Person zurückzugeben und zu erwidern. Zu geben, aus Liebe. Mit Freude jeden Moment miteinander teilen, die guten und die schlechten. Sich auf jemanden blind verlassen zu können und einen Anker zu haben, selbst auch ein Anker zu sein. Das klingt alles richtig kitschig, aber so liebe ich es. Ich weiß nicht, was es ist, oder wo es herkommt, aber für mich gibt es nichts Schöneres als dieses Gefühl. Die Liebe. Die Zweisamkeit.

Naja, du kannst dir also vorstellen, ich war gefickt, als ich wieder Single war. Aber ich meine auch, im Ernst Leute, ich entscheide mich gemeinsam mit meinem Ex für eine Trennung, wir akzeptieren, dass wir zusammen nicht mehr funktionieren und sind uns bewusst, dass es nur noch schlimmer werden würde, wenn wir zusammenblieben, aber am Ende leide ich trotzdem so dermaßen wegen dieser Trennung, die doch im Grunde gut für uns gemeint war? Wie kompliziert kann das Leben denn sein? Ich trenne mich, um wieder zu mir selbst zu finden, er trennt sich, um wieder zu sich selbst zu finden, und am Ende leiden wir nur? Wo verdammt nochmal ist der Sinn der Sache? Ich befand mich in einem Teufelskreis. Auch wenn es mir nach außen hin besser zu gehen schien, auch wenn ich mich wieder vor die Tür traute, mich nicht mehr zu Hause einsperrte, so war dieser verfickte Liebeskummer noch immer da. Ich war frustriert. Wann würde dieser beschissene Herzschmerz endlich vergehen?

Natürlich könnte jetzt jemand meinen, dass alles halb so wild war. Natürlich gibt es schlimmere Schicksale, keine Frage. Manche Paare sind zehn Jahre zusammen und haben drei gemeinsame Kinder. Manche verheirateten Männer gehen jahrelang fremd, führen ein Doppelleben und verlassen dann ihre Frau nach zehn Jahren Ehe für eine zehn Jahre Jüngere. Manche Menschen verlieren ihren Partner auf tragische Weise. Es gibt immer schlimmere Fälle, egal, was dir in deinem Leben passiert.

Aber mit dem Liebeskummer ist es so wie mit einer Krankheit. Du hast vielleicht »nur« eine Grippe, aber du fühlst dich wie der letzte Mensch. Du fühlst dich scheiße, das ist dein Recht, auch wenn andere Menschen unter viel schlimmeren Krankheiten leiden. Trotzdem darfst du dich genauso schlecht fühlen. Egal was dir widerfährt.

Und so ist das auch bei einer Trennung, bei Herzschmerz. Denn egal wie »schlimm« oder heftig die Trennung ist, der Schmerz ist der gleiche. Wie bei einem großen und einem kleinen Fehler. Am Ende ist es trotzdem ein Fehler. Es geht nicht darum, wie gravierend oder wie harmlos er ist, sondern dass es ein Fehler ist. Und so sehe ich das auch beim Liebeskummer. Auch wenn sich zwei Menschen gemeinsam dazu entscheiden, eine Beziehung zu beenden, bedeutet das nicht, dass der Liebeskummer weniger schlimm, vor allem weniger gerechtfertigt ist.

Wie viel Drama du auch schiebst, wenn es dir mal schlecht geht, wenn du gerade Herzschmerz durchmachst und traurig bist, dann darfst du das auch sein. Deine Geschichte darf, wie ich bereits ganz am Anfang dieses Buchs erwähnt habe, für dich immer die traurigste sein. Egal, was andere sagen. Klar, es geht immer schlimmer, es geht immer krasser, extremer. Aber du hast das Recht, deine eigene Story für die schlimmste zu halten. Zumindest für den Moment.

*Deine Geschichte darf für
dich die traurigste sein.*

Und nochmal, nur weil man sich gemeinsam für eine Trennung entschieden hat, heißt das nicht, dass das Ende nicht trotzdem extrem schmerzhaft sein kann. Natürlich gibt es auch Menschen, die sich auf so eine Trennung gut vorbereiten. Aber so war ich nie. Ich bereitete mich nicht auf ein Ende vor, ich nahm die Dinge wie sie kamen. Und im Nachhinein bin ich froh darüber, denn so sollte es auch sein. So bleiben die Gefühle zumindest real. Auch wenn sie wehtun. Eines kann ich euch sagen, bereitet euch nicht auf ein Ende vor. Wenn du jemanden kennenlernst, den du gerne hast, dann versuch diese Stimme in deinem Kopf abzuschalten, die dich auf ein Ende vorbereiten will, bevor es überhaupt richtig begonnen hat. Wichtig ist, dass du weißt, dass du auch allein sein kannst. Du brauchst niemand anderen, um die Welt oder den nächsten Tag zu überleben, du brauchst niemanden, um glücklich zu sein.

No front gegen die Menschen, die sich auf ein Beziehungsende mental bereits im Vorhinein vorbereiten. Ich könnte sowas nicht. Ich könnte nicht mit jemandem in einem Bett schlafen und mir gleichzeitig denken, dass mir der Typ eh schon egal ist, oder dass ich eh nicht mehr lange an seiner Seite sein werde. Bis zum tatsächlichen

Ende unserer Beziehung habe ich an sie geglaubt, habe es zumindest versucht und war mit vollem Einsatz und mit ganzem Herzen dabei. Deshalb war das Ende auch so schwer.

Ich hatte mittlerweile akzeptiert, dass ich allein war. Doch neue Zweifel kamen auf. Plötzlich machte ich mir Gedanken darüber, was passieren würde, wenn er eine neue Freundin hätte. Ich wollte nicht mehr mit ihm zusammen sein, versteht mich nicht falsch, ich wusste, die Trennung war der richtige Schritt, aber wie sollte ich damit umgehen, würde er eine neue Beziehung eingehen? Wie würde ich reagieren? Könnte ich damit umgehen? Wer würde diese Frau für meine Tochter sein? Und, kannst du es bereits erraten? Ja, richtig! Schon wieder habe ich mich selbst noch viel verrückter gemacht als notwendig.

Damals war ich jedenfalls der festen Überzeugung, er darf keine Neue haben. Ich meine, wenn nicht ich, dann niemand. Haha, wie egoistisch ich war. Ich erkenne mich kaum selbst wieder, wenn ich auf diese Zeit zurückblicke, aber ein gebrochenes Herz kann viel mit einem anstellen. Du wirst komisch. Du wirst verbissen. Du wirst schon fast unmenschlich, wenn du unter Herzschmerz leidest. Oft fühlte ich mich wie ein kleiner Teufel, ja, wie ein Dämon. Ich wusste, wir sind getrennt, aber ein neuer Freund für mich oder eine neue Freundin für ihn kam überhaupt nicht in Frage, zumindest wenn es nach mir ging. In der Phase des Schmerzes interessierte mich ehrlicherweise auch niemand. Kennst du dieses Gefühl von »alle anderen sind dumm«? Also ich fühlte mich so, als gäbe es keine guten Männer für mich. Als wäre er der Wahre gewesen, der Einzige. Tja, zum Glück sehe ich das heute völlig anders, aber damals war ich im Tunnel. Allein die Vorstellung, einen neuen Mann kennenzulernen, von vorne anzufangen, Small Talk zu führen, bah. Allein der Gedanke daran löste mehr Ekel als Vorfreude in mir aus.

Ich dachte, für mich gibt es keine Liebe mehr in diesem Leben. Ich dachte, ich werde nie wieder so glücklich werden wie mit ihm. Bro, allein jetzt, wenn ich darüber nachdenke, treibe ich mich selbst in den Wahnsinn. Was war denn nur los mit mir? War das tatsächlich alles nur dieser dumme Herzschmerz? Und wie schaffen das andere Menschen? Wie schaffen es andere Menschen in einer ähnlichen Situation scheinbar cool zu bleiben? Einfach weiterzuleben? Oder leiden sie alle so wie ich? Still und einsam. Wer oder was in mir trieb mich so in den Wahnsinn?

*Meine Angst war die größte Konkurrentin,
gegen die ich jemals antreten musste.*

Die Antwort ist, nein es war nicht der Teufel, der mir das eingeredet hat, ich war nicht von Dämonen besessen, verhext, verflucht, und nein, auch niemand hat Auge gemacht. ICH war dafür verantwortlich. Ich ganz allein war schuld daran. Meine Angst war schuld daran.

Doch warum? Warum lassen wir uns von Angst leiten? Warum kann die Angst überhandnehmen und unser gesamtes Leben und unser Glück steuern? Heute denke ich, die Antwort lautet: Es ist ganz normal. Ich denke zwar nicht, dass es erneut so heftig sein würde, aber damals, zu diesem Zeitpunkt, war es im Nachhinein gesehen normal. Normal, weil es meine erste große Liebe war. Normal, weil er der Vater meiner Erstgeborenen ist. Normal, weil er meine Welt war.

Auch heute würde es wehtun, eine Beziehung zu beenden, eine Liebe zu verlieren, eine Trennung durchzumachen, keine Frage. In diesem Fall kann und wird mein Herz wieder brechen. Das weiß ich. Denn ich bin immer mit vollem Herzen dabei. Aber ich wüsste endlich, wie ich damit umgehen könnte. Heute wüsste ich, wie ich mit dem Schmerz umgehen müsste. Ich wüsste, wie ich mich zu verhalten habe, dass zumindest meine Gesundheit nicht so sehr unter meiner Trauer leidet. Ich würde mich nicht mehr monatelang einsperren und von der Angst leiten lassen. Ich würde mich dazu zwingen rauszugehen, was zu essen und unter Menschen zu kommen.

Denn im Endeffekt war es meine Entscheidung. Ich entschied mich dazu, so lange traurig sein zu wollen. Ich entschied mich dazu, tiefer und tiefer in diesem dramatischen Film, der zu der Zeit mein Leben prägte, mitzuspielen. Ich entschied mich dazu, meiner Depression freien Lauf zu lassen. Wir haben unser Leben, auch unser Gemüt und unser Glück zu einem massiven Teil selbst in der Hand. Warum soll ich mich also nach einer Enttäuschung selbst nur noch mehr ficken?

*Ich würde der Angst eine reinhauen.
So hart, dass die Bitch am Boden liegt
und keine Chance mehr gegen mich hat.*

Ich bin der Meinung, das Versagen einer jeden Beziehung, jeder Herzschmerz, jeder Liebeskummer soll und darf wehtun. Vorausgesetzt, die betroffenen Personen lieben ihr Gegenüber tatsächlich. Ich bin mir dessen bewusst, dennoch glaube ich, dass wir nach Lösungen, nach Antworten und nach Tools suchen können, die uns dabei helfen, Schmerz besser zu verarbeiten und schneller aus dieser Down-Phase herauszukommen. Wobei, was bedeutet schneller? Ich würde mich niemals dazu zwingen, am zweiten Tag nach einer Trennung wieder die Alte zu sein, nach einem neuen Partner zu suchen und alle Erinnerungen der alten Beziehung bildhaft zu verbrennen. Ich muss den Schmerz und die Trauerphase ausleben und sie als Teil meiner Heilung akzeptieren. Aber, und das habe ich aus der schweren Zeit nach der Trennung gelernt, das Leben muss weitergehen.

Ich wusste, nach all den Wochen des Leidens, nach all den Packungen Kippen, all den Dosen Energydrinks, den schlaflosen Nächten und den tränengefüllten Tagen, dass es reichte. Es war genug. Ich musste aus diesem Teufelskreis raus und will auch nie wieder, egal was passiert, egal wie sehr mein Herz in Zukunft noch bluten wird, hinein. Ich wollte diese Schwäche und diese Hilflosigkeit, die ich in meinem Herzen und in meiner Seele spürte, nie wieder fühlen. **Jetzt ist der Survival Mode an.**

Ich will für die Zukunft all diese negativen Spiralen eliminieren. Ich möchte nie wieder diese enorme Lustlosigkeit verspüren. Dieses Gefühl, keinen Bock mehr aufs Leben zu haben, ist grauenhaft. Denn eigentlich ist das Leben doch ziemlich geil. Auch wenn wir nie vorhersehen können, was noch auf uns zukommt, auch wenn ich nicht weiß, wie es mir in einem Jahr oder zehn Jahren gehen wird, wie mein Leben, meine Beziehungen oder meine psychische Gesundheit aussehen werden, so weiß ich immerhin, und das mit einhundertprozentiger Sicherheit, dass ich diese schlimme Phase in meinem Leben, diese, ja sind wir uns ehrlich, depressive Phase, überstanden habe und heute, im Jahr 2024, glücklich bin.

Und weißt du, was jetzt kommt? Ja, der wohl beste, aber auch kitschigste und abgedroschenste Spruch der Welt. Er ist so alt, so langweilig, so oft benutzt und so ausgelutscht. Als ich jünger war, hasste ich ihn, heute liebe ich ihn. Für mich gibt es keinen besseren Spruch, keine zutreffendere Lebensweisheit. Für mich ist es das stärkste Lebensmotto:

*Was dich nicht umbringt,
macht dich stärker.*

Wenn du den härtesten Part deiner Trauerphase überwunden hast, dann weißt du, wie du dich nie wieder fühlen willst. Wir können diesen Gefühlen nicht ewig aus dem Weg gehen, wir wissen nicht, was die Zukunft bringt, aber wir können uns darauf gefasst machen, beim nächsten Heartbreak gewisse Verhaltensmuster zu ändern, gesünder mit dem Schmerz umzugehen oder den Survival Mode früher zu aktivieren. Denn wir sind Kämpferinnen und Kämpfer. Wir sind Kings. Egal was auf uns zukommt, es wird uns stärker machen, das verspreche ich dir.

KAPITEL 11

Das erste Date

Mir ging es langsam besser. Ja. Aber war ich bereit für ein neues Kapitel? Ich glaube, das können wir nie wissen, ehe es so weit ist und die neue Seite aufgeschlagen wird.

Ich wagte es. Nach zwei Jahren der Trauer und der Misere, wollte ich wieder daten. Ich wollte endlich wieder dieses Kribbeln spüren, einem Mann nahe sein, mein freies, liebevolles Ich sein und meine kleine Welt, die für euch vielleicht viel größer erscheint als sie eigentlich ist, wieder mit einem besonderen Menschen teilen. Tja, so leicht ist das alles aber leider nicht. Bevor jemand zu einem besonderen Menschen wird, müssen wir denjenigen oder diejenige erst kennenlernen. Wir müssen daten.

Wah, Dating. Echt nicht mein Fall eigentlich. Allein beim Gedanken an Small Talk, schlechte Witze und gefaktes Lachen wird mir übel. Aber von nichts kommt ja bekanntlich nichts, also blieb mir nichts anderes übrig, als mich in den Dating-Pool zu schmeißen und es einfach mal zu versuchen. Was kann schon schiefgehen? So schlimm kann es ja nicht werden ... Dachte ich zumindest damals.

Ich fasste also all meinen Mut zusammen. Putzte mich mal wieder richtig raus, fühlte mich gut in meiner Haut und traf diesen Typen. Ich kannte ihn über ein paar Ecken, er fragte mich nach einem Date und ich war endlich an dem Punkt angelangt, wo ich mir dachte: »Why not? Warum denn nicht? Ich meine, was habe ich zu verlieren?« Ich machte mich also schick, wir trafen uns in einem netten Lokal, und ich blickte dem Abend mit Zuversicht entgegen. Tja, Leute, eines kann ich euch sagen. Das Date war der HORROR.

Eines möchte ich vorweg klarstellen, der arme Typ konnte nichts dafür. Er machte nichts falsch, verhielt sich nicht ungut oder unpassend. Er fragte mich auch keine unangenehmen Fragen, war nicht cringe oder too much. Eigentlich war er perfekt. Wie ironisch, haha.

Aber fangen wir von vorne an. Wir trafen uns also in einem schicken, aber entspannten Restaurant. Er war bereits da, als ich eintraf. Sehr sympathisch. Er war ein echter Gentleman, rückte mir den Stuhl zurecht und auch wenn ich das nicht brauche, finde ich es nett, wenn ein Mann aufmerksam ist. Dann bestellten wir einen Drink und hatten sofort eine angenehme Unterhaltung am Laufen. Er erzählte über seine Arbeit, seine Leidenschaften und ich fühlte mich wohl.

*Ich war überzeugt davon, würde er
wissen, was ich alles erlebt habe,
würde er meine Vergangenheit kennen,
dann hätte er einen Kulturschock.*

Ich versuchte auch von mir zu erzählen, aber ich schaffte es nicht, in die Tiefe zu gehen. Plötzlich traf es mich. Plötzlich dachte ich nur noch: Nein. Ich kann das alles nicht. Ich kann mir die Scheiße nicht nochmal von vorne geben. Niemals. Der Typ kennt mich doch nicht mal. Der hat keine Ahnung, wer ich bin, was ich durchgemacht habe, wie es wirklich in mir drinnen aussieht. Im Nachhinein frage ich mich, was ich erwartete, immerhin kann nie jemand in dich hinschauen, dich kennen und verstehen, wenn er dich erst einmal gesehen hat. Aber dennoch, plötzlich läuteten alle Alarmglocken in mir, ich fühlte mich unwohl. Fast schon eine gewisse Panik brach in mir aus. Die Angst, diese dumme Bitch, feierte ihr Comeback. Und irgendwas in mir sagte mir, das passt nicht.

Ich dachte nur, ich lasse das lieber. Und ich sah ihn nie wieder. Ich weiß nicht, was an diesem Abend mit mir falsch war. Im Unterbewusstsein spielte das Mama-Sein mit rein, das weiß ich heute. Auch wenn wir in einer Zeit leben, in der das kein Problem sein sollte, so dachte ich trotzdem drüber nach. Unterbewusst. Ich dachte, dass es für jeden Mann ein Ausschlusskriterium sein könnte, dass ich ein Kind habe. Wie gesagt, diese

Männer will ich dann sowieso nicht daten, aber die Angst, die ist irgendwie einfach da. Ich hatte Angst jemanden zu treffen, der mir sagen würde: »Schon hart, dass du ein Kind hast.« Sorry was? Entschuldige meinen Ausdruck, aber dem hätte ich direkt eine reingehauen und vermutlich auch noch ins Gesicht gespuckt. Sorry, haha, aber hey, ich bin Mama aus Leidenschaft.

Die Kommentare und Nachrichten, die Beschimpfungen auch aus der albanischen Community dieser Vergleich von Single-Mutter und Nutte, der brannte sich in meinen Kopf ein, ohne dass ich es merkte. Und während meines ersten Dates dachte ich nur, der Typ würde mich eh nicht wollen, wenn er mich, meine Vergangenheit und all meine Facetten kennen würde. Heute bin ich froh über den Verlauf dieser Situation, sonst wäre ich nicht da, wo ich jetzt bin. Damals war es ein kleiner Rückschlag, gleichzeitig wiederum auch der erste Schritt in die richtige Richtung. Denn hey, immerhin ging ich auf ein Date.

Nach dem Ende einer Beziehung musst du dir Zeit nehmen. Und zwar so viel Zeit, wie du brauchst. Ich habe so oft erlebt, auch bei mir selbst, dass Menschen uns gerne zum Daten drängen, wenn es uns schlecht geht. So viele Menschen in meinem Umfeld versuchten mir klarzumachen: »Mit einem Mann geht es dir sicher wieder viel besser. Date endlich, das lenkt dich ab!«

Klar, irgendwo kann das Treffen neuer Menschen schon Ablenkung verschaffen, manchmal kann es sogar richtig Spaß machen, aber wenn es sich für dich noch nicht richtig anfühlt, dann hör auf deine innere Stimme! Ich bin ja eher der Meinung, dass wir uns viel mehr Zeit lassen sollten, bevor wir uns nach einer Trennung wieder ins Dating-Leben schmeißen. Sonst ziehen wir alte Wunden und Verletzungen aus der vorigen gescheiterten Beziehung mit in die neue. Unsere Unsicherheiten sind noch da, alles ist so frisch, wie sollen wir uns jemals auf einen neuen Partner einlassen? Ich wusste, mein Tempo war für mich das richtige. Du kannst es immer wieder versuchen, dagegen spricht nichts, aber wenn du merkst, du fühlst dich damit unwohl, dann warte. Warte, bis es sich richtig anfühlt. Und scheiß drauf, was irgendjemand sagt.

KAPITEL 12

Lori is back

Bevor ich also mein Herz wieder heilen und öffnen konnte, musste ich einige wichtige Realisationen durchmachen. Ich musste akzeptieren, dass Fehler passieren, dass kein Mensch, vor allem auch ich selbst, perfekt ist und dass das gut so ist. Ich musste außerdem lernen, nicht immer vom Schlimmsten auszugehen, wie bei diesem einen ersten Date, sonst würde ich nie weiterkommen im Leben. Sonst würde ich mich nie wieder einer neuen Liebe öffnen können.

Mittlerweile ist es ja so, dass ich Dinge nicht mehr so eng sehe wie früher. Ich machte mir immer Sorgen, hatte immer Angst und ging sowieso fast immer nur vom Schlimmsten aus. Wir sind überzeugt davon, dass 99 Prozent unserer Sorgen und Ängste wahrwerden, dabei sind es, wenn es hochkommt, vielleicht gerade mal drei Prozent, vielleicht tritt auch keines deiner Hirngespinste je ein. Langsam lernte ich, meine Gedanken nicht mehr an diese Negativspiralen zu verschwenden, wenn es doch eh nie so passieren würde, wie es sich mein verkorkster Kopf einbildete. Denn was bringt es mir? Jetzt ernsthaft, was bringt es mir? Außer, dass ich vielleicht mit meinen negativen Gedanken auch noch das Negative anziehe? Wollen wir wirklich immer vom Schlimmsten ausgehen? Wollen wir wirklich immer annehmen, dass eine Situation, eine Liebe, ein Wunsch, nie so eintreten, wie wir es uns tatsächlich vorstellen? Wollen wir immer davon ausgehen, eine Situation nicht zu überstehen?

Ich sage dir ehrlich, ich muss mich auch heute noch bemühen, nicht immer vom Schlimmsten auszugehen, aber ich versuche mein Bestes, dieses alte Gedankenmuster abzulegen. Denn diese Angst, ja hier ist sie wieder, die kleine Hure, diese Angst fickt uns. Und sie verschließt uns. Sie macht uns komisch. Wir sind nicht mehr wir selbst. Kennst du diese Angst? Diese »Immer-vom-Schlimmsten-Ausgehen«-Angst? Ich kenne diese Angst schon lange. Schon seit ich ein Kind war. Vielleicht hast du sie nie erlebt, wenn doch, dann kannst du sicher nachvollziehen, von welchem Gefühl ich jetzt spreche.

Stell dir vor du kommst nach Hause, du bist jung, vielleicht ein Teenager, oder sogar noch ein Kind in der Grundschule. Dein Vater oder deine Mutter sagt dir, dass ihr gleich gemeinsam am Tisch sprechen müsst. »Wir müssen reden«, diese Worte lassen dir das Herz in die Hose rutschen. Sofort verspürst du Bauschmerzen, dein Herz rast, in deinem Hals bildet sich ein Kloß und das

Kopfkino setzt ein: Fuck, was habe ich falsch gemacht? Was haben sie rausgefunden? Wissen sie von der Party, auf die ich nicht hätte gehen dürfen? Haben sie von der schlechten Note in Mathe erfahren? Ist die gefälschte Unterschrift in meinem Schulheft aufgeflogen? Oder wissen sie, dass ich mal geraucht, sogar gekifft habe? Fuck. Fuck. Fuck. Ich bin am Arsch. Das komische Gefühl, das dich in diesen Momenten heimsucht, dieses Gefühl, dass es etwas Schlimmes, etwas Negatives sein muss, ist ein dreckiges Gefühl. Manchmal war es auch so, manchmal fanden sie heraus, dass ich nicht immer nach den Regeln spielte. Dann gab es Strafen.

Aber die Strafen, die ich dafür kassierte, schmeckten immer besser als die Angst, die ich davor verspürte.

Und? Kennst du dieses Gefühl? Dieses Gefühl, das du im Bauch, im ganzen Körper spürst, wenn du Angst vor Konsequenzen hast, vor deinen Eltern? Tja, dasselbe Gefühl spürte ich nach der Trennung. Nachdem ich mich bereits monatelang in einer Tiefphase befand, realisierte ich irgendwann: Hey, dieses Gefühl, das sich wie damals anfühlt, ist Angst. Die Angst davor, etwas falsch zu machen, Fehler zu begehen. Ich hatte Angst davor, dass es nie wieder besser wird, dass ich eine Schande für meine ganze Familie bin.

Trotz meiner gelegentlichen Jugendsünden beschenkte mich mein Vater während dieser Zeit täglich mit dem schönsten Geschenk. Mindestens einmal am Tag teilte er mir eine seiner Weisheiten mit. Wie ein kleines Geschenk eben. Wie ein Glückskeks, nur dass die Weisheit nicht in einem Keks versteckt war, sondern aus seinem Herzen kam. Von einer Person mit viel Lebenserfahrung. Ein wunderbar wertvolles Geschenk. An eine seiner Weisheiten erinnere ich mich besonders gerne zurück. Er meinte:

»Meine Tochter. Wenn wir über Fehler reden, gibt es auf dieser Welt drei Sorten von Menschen. Die Menschen, die kaum Fehler begehen. Die Menschen, die Fehler

begehen und aus ihnen lernen. Und die Menschen die Fehler machen, sich dessen bewusst sind und dennoch nichts daraus lernen und immer wieder den gleichen Fehler begehen.«

Über Menschen, die Fehler machen und sich diese nicht eingestehen, möchte ich gar nicht erst sprechen. Aber was mir mein Vater mit seiner Weisheit mitgeben wollte, ist die Erkenntnis, dass es in Ordnung ist, Fehler zu machen. Wenn sie passieren, müssen wir aus ihnen lernen, um dieselben Fehler nicht noch einmal zu machen. Er machte mir klar, dass ich weder versuchen sollte, mit Absicht Fehler zu begehen, um etwas daraus zu lernen, noch vehement zu vermeiden, Fehler zu machen. Ein unbeabsichtigter Fehler ist keine Schande und aus einem solchen Fehler können wir viel lernen.

Doch neben der Selbstoptimierung und der Realisation braucht es noch zwei andere essenzielle Komponenten, um ein Herz zu heilen und um auch den scheinbar schlimmsten Heartbreak zu überstehen: Geduld und Zeit. Auch, wenn das niemand hören will, selbst ich nicht.

Geduld? Fick dich, Geduld. Als mir Leute sagten, »die Zeit heilt alle Wunden«, hätte ich kotzen können. Wer denkt schon an Zeit oder Geduld, wenn man gerade eine Trennung durchmacht? Ich fühlte mich doch schon so, als hätte ich fünf Jahre meines Lebens verschwendet, wie sollte ich jetzt denken, dass noch mehr ZEIT und noch mehr GEDULD mich wieder heilen würden? Pah, lächerlich, dachte ich. Tja, auch hier bin ich heute anderer Meinung, auch hier habe ich mich weiterentwickelt. Denn wir brauchen die Zeit und wir brauchen die Geduld. Und weißt du, was wir noch brauchen? Risikobereitschaft. Ja, wir müssen Risiken eingehen, nur so werden wir belohnt. Ob es nun um eine neue Liebesbeziehung, eine Freundschaft oder auch einen neuen Job geht, ein neues Projekt, einen Song, an dem ich arbeite, wir wissen immer, dass es ein Risiko geben kann. Es gibt immer die Chance, dass es nicht klappt. Es gibt immer den Worst Case. Menschen in deinem Leben werden dich verlassen, ja Menschen werden auch sterben, nicht mehr hier sein, das ist tatsächlich der Worst Case, aber davon dürfen wir nicht ständig ausgehen.

*Mit dieser Angst dürfen wir nicht leben,
sonst ist das Leben nicht mehr lebenswert.*

Wir denken alle zu viel über die Zukunft nach, über das, was schiefgehen kann, wir visualisieren den Worst Case, aber wir denken nie daran, was im Best Case passieren kann. Das nehmen wir gar nicht mehr wahr. Die meisten Beziehungen sind von Angst erfüllt. Bevor du mit jemandem zusammenkommst, denkst du, das wird eh nie halten. Wenn du eine Beziehung eingehst, denkst du direkt an deren Ende. Wenn du zwei Jahre mit jemanden zusammen bist, denkst du, in vier Jahren muss Schluss sein. Du denkst vielleicht, wofür das Ganze. Denk doch mal daran, dass sich ein Risiko oft auch lohnt! Und wenn es sich lohnt, dann so richtig.

Alles hat ein Ende. Das ist nun mal so. Wir wissen, dass wir uns irgendwann von Menschen verabschieden müssen, dass unsere Eltern, unsere Großeltern, irgendwann von uns gehen. Umso wichtiger ist es daher, die Zeit, die uns bleibt, zu genießen, die schönen Momente zu sammeln und in der Hoffnung zu leben, all diese Menschen auch irgendwann wiedersehen zu können. Es darf traurig sein, aber es darf auch schön sein, an das zurückzudenken, was nicht mehr ist. Genauso schön soll es auch sein, an das zu denken, was noch nicht ist. Versteh mich nicht falsch, ich bin kein YOLO-Mensch. Ich finde nicht, dass wir jeden Tag so leben sollten, als wäre er unser letzter. Das könnte ich auf keinen Fall, wie soll das auch funktionieren? Ich kann nicht jeden Tag all die Menschen sehen, die ich noch sehen will, bevor ich sterbe. Ich kann auch nicht all die Reisen unternehmen, all die Abenteuer erleben und Dinge machen, die ich an meinem letzten Tag tun würde. Ich kann allerdings versuchen, mit einer positiven Attitude durchs Leben zu gehen. Und das ist schon ein massiver Gewinn.

Nun verstand ich also, was mir meine Eltern mit auf den Weg geben wollten, und ich realisierte, dass diese Angst vor dem Schlimmsten, dieses »Immer-vom-Schlimmsten-Ausgehen«, selbstzerstörerisch und toxisch ist. Es löst in mir das gleiche Gefühl aus wie damals, als ich Angst vor Ärger hatte, und es hemmt mich dabei, neue Bekanntschaften einzugehen, das Leben zu leben und meine Confidence zurückbekommen. Langsam checkte ich es.

Ich glaube, wir Menschen wünschen uns oft, die Zukunft vorhersagen zu können, eine Garantie zu haben. Könnte ich eine Joker-Karte ziehen, die mir sagt, ob ich in zwei Jahren noch immer mit meiner Liebe zusammen bin, dann würde ich sie niemals ziehen. Ich lehne diese Karte ab. Ich will nicht wissen, was in der Zukunft ist. Denn wenn ich weiß, was passiert, dann muss ich die Erfahrungen nicht selbst erleben. Wüsste ich, ich würde für immer mit jemandem zusammenleben, würde ich die Beziehung vielleicht anders betrachten, anders agieren. Vielleicht würde ich alles als selbstverständlich ansehen, ich würde mir keine Mühe mehr geben, nicht mehr aus Liebe die Koffer meines Partners packen oder ihm morgens Pancakes zaubern, denn wir bleiben sowieso zusammen. Verstehst du, was ich meine?

*Wir haben im Leben keine Garantie,
für nichts. Und das ist auch gut so.*

Früher machte mich diese Unsicherheit wahnsinnig. Nicht zu wissen, was morgen ist, nicht zu wissen, wie es weitergeht. Mit meinem Ex dachte ich, ich hätte sie. Diese Garantie. Immerhin schworen wir uns, bis zum Tode gemeinsam durchs Leben zu gehen. Wir schworen es uns gegenseitig und wir schworen es in Form des Bundes der Ehe. Nun, was für eine Garantie war das? Nicht einmal dieses Versprechen hat gehalten. Nicht einmal dieser Bund, dieses Gelöbnis. Denn es gibt schlichtweg keine Garantie. Für nichts.

Ich wusste nun, um eine neue Liebe in mein Leben zu lassen, musste ich mich aus diesen alten Mustern lösen. Wieder Vertrauen in mich und meine Mitmenschen fassen. Unvoreingenommen in Situationen und in Dates hineingehen. Auch wenn ich es damals kaum selbst glauben konnte, aber langsam war ich wieder die Alte. Langsam war Lori back.

Um wieder zu dir zurückfinden, wenn es dir schlecht geht, lohnt es sich, die eigenen Fehler zu akzeptieren und daraus zu lernen. Mittlerweile bin ich auch einer dieser Menschen geworden, die es geschafft haben, aus ihren Fehlern zu lernen und nicht einfach über die Vergangenheit hinwegzusehen. Heute gehe ich anders mit Situationen um als früher. Heute versuche ich, nicht immer sofort nur das Schlimmste zu befürchten und habe keine Angst mehr davor, Fehler zu machen. Denn in jeder Lebenslage, ob im Hinbick auf Freunde, Familie oder Beziehung, geht alles irgendwann vorbei und wird so kommen, wie es kommen soll.

KAPITEL 13

Expectations

Auch wenn mein erstes Date nach der Trennung kein Erfolg war, befand ich mich auf dem Weg der Besserung. Geduld und Zeit halfen mir dabei, genauso wie meine Einsicht, nicht immer vom Schlimmsten auszugehen. Ich würde sagen, meine Heilung war eingeleitet. Ich glaube, alles in allem dauerte dieser Weg zwei Jahre. Zwei verfickte Jahre. Ja, das ist verdammt lang. Ich habe das Gefühl, die meisten Menschen benötigen ein paar Monate, vielleicht ein halbes Jahr, schlimmstenfalls ein Jahr, um über ihre Trennung hinwegzukommen. Ich beobachtete in der Vergangenheit viele meiner Freundinnen und Freunde. Nach ein paar Monaten ging es für sie meist wieder los. Dating, Sex, neue Liebschaften, pff, für mich unvorstellbar. Ich meine, nach ein paar Monaten war ich ein Häufchen Elend, sperrte mich zu Hause ein, du weißt ja, wie es mir ging.

Naja, jedenfalls dauerte es gute zwei Jahre, bis ich mich langsam wieder wie ich selbst fühlte. Langsam war ich wieder da und machte mir darüber Gedanken, wie es nun wohl weiterging. Mir war und ist klar, dass ein Herz mehrmals brechen kann. Ich machte mir viele Gedanken, wie ich künftig mit so einem Schmerz, den ich nun endlich überwunden hatte, umgehen könnte. Ich machte mir Gedanken über Erwartungen, über Expectations. Was wäre, wenn ich einfach nichts mehr erwarten würde? Dann könnte ich nicht verletzt werden, oder? Aber ist das wirklich richtig? Sollten wir von unseren Partnern oder künftigen potenziellen Beziehungen nichts mehr erwarten? Dürfen wir überhaupt etwas erwarten? Und was genau bedeuten sie, diese Erwartungen? Bedeuten sie, dass unser Partner uns jeden Wunsch von den Lippen ablesen muss? Dass er keinen Fehler machen darf, dass er all diese »Erwartungen« erfüllen muss, um uns gerecht zu werden? Dass er uns jedes Geschenk, jeden Klunker, jede Tasche, alles kaufen und schenken muss, was wir uns wünschen? Bedeuten Erwartungen, dass er weiß, wohin ich am liebsten auf Urlaub fahren würde und uns einen Trip bucht? Also meine Erwartungen sehen jedenfalls keineswegs so aus. Denn in meinen Augen, sollte es keine »Erwartungen« in dem Sinne geben. Ich persönlich meine mit »Erwartungen« völlig andere Dinge. Dinge, die normal, die selbstverständlich sein sollten.

Am allerwichtigsten ist mir der Respekt.

Es sollte zum Beispiel normal sein, so behandelt zu werden, wie man es verdient. Es sollte normal sein, von seinem Partner Wertschätzung zu erfahren. Jeder Mensch mit einer Seele und mit Liebe in seinem Herzen sollte die Werte und Eigenschaften automatisch in sich tragen, die mir wichtig sind.

Respekt ist das A und O für mich in jeder Beziehung. Damit meine ich den Umgang miteinander. Ich möchte ernst genommen und gehört werden. Ja, ich finde oft auch schon diese »Beleidigungen aus Spaß« nicht in Ordnung. Ich finde es nicht schön, sich als Paar gegenseitig zu beschimpfen, einander Respektlosigkeiten an den Kopf zu werfen. Ich vergleiche das Level an Respekt zu meinem Partner gerne mit dem zu meinen Eltern. Versteh mich nicht falsch, mein Partner oder Freund wird niemals die Rolle meines Vaters einnehmen oder ihn ersetzen, aber ich will mit dem gleichen Respekt zu ihm sprechen, wie ich es zu meinem Vater tat. Niemals hätte ich aus Spaß zu meinem Vater »Missgeburt« oder »Bastard« gesagt. Und das nicht etwa, weil ich Angst vor ihm hatte, sondern aus Respekt. Ich respektierte diesen Mann so sehr, weil er einer der wichtigsten Menschen in meinem Leben ist, auch wenn er heute leider nicht mehr auf dieser Erde verweilt. Aber ich werde ihn immer lieben. Und aus dieser Liebe, die auch in einer Partnerschaft die Grundlage ist, entsteht automatisch Respekt.

Manch einer von euch mag jetzt denken: »Oh Gott, sie hat Daddy Issues, denn sie will, dass ihr Partner so wie ihr Vater ist.« Ich sehe das anders. Kein Partner wird jemals meinen Vater ersetzen, keiner wird mir jemals dieselbe Sicherheit, dasselbe Gefühl vermitteln wie mein Vater oder meine Mutter. Aber das müssen sie auch nicht. Das ist etwas anderes, die Liebe ist auch eine andere, aber der Respekt muss derselbe sein. Zumindest für mich. Die Liebe unserer Eltern ist die purste Form der Liebe. Sie lieben uns nicht, weil sie müssen, weil wir ihre Kinder sind und sie keine andere Wahl haben. Sie lieben uns, weil da dieses unsichtbare Band ist. Dieses starke Band, wohl das stärkste Band der Welt. Wie du ja bereits weißt, habe ich neun Geschwister. Ich bin die Jüngste von zehn. Ich war quasi ein Unfallkind. Ich glaube, neun Kinder reichten meiner Mutter, ich war also ungeplant, sie war in Schock. Doch sobald ich das Licht der Welt erblickte, bekam ich bedingungslose Liebe von ihr. Von ihr und von meinem Vater.

Ich will euch ein banales Beispiel nennen. Mein Vater traute sich nie, mich zu erschrecken. Er versteckte sich nie, um dann plötzlich hinter der Tür hervorzuspringen. Allein der Gedanke daran, dass ich mich erschrecken würde, Angst bekommen würde oder traurig wäre, war ihm zu viel. Erschreckten mich meine Brüder, dann schimpfte er mit ihnen. Eigentlich ist es weird, ich habe manchmal Angst davor, Spaß zu haben, zumindest scheint es so. Während ich hier gerade sitze, an einem Samstagabend, allein in einem Restaurant, und diese Zeilen schreibe, fällt mir auf, wie absurd das alles ist. Ich frage mich, warum ich an meinen Vater denke, während ich meine Trennung hier verarbeite und niederschreibe, aber ich weiß, das hat einen guten Grund. Die Liebe, die ich von meiner Familie erfahren habe, wirkt sich auch auf mein eigenes Liebesleben aus. Naja, immerhin nerven die Menschen im Restaurant heute nicht. Vermutlich lassen sie mich in Ruhe, weil ich in meinen Laptop vertieft bin. Es macht mich glücklich, draußen zu sein, diese Ruhe zu haben, trotz der vielen Menschen um mich herum.

Aber kommen wir zurück zu den vermeintlichen Daddy Issues. Ich finde, dein zukünftiger

Partner soll dir immer das Gefühl geben, deine Familie zu sein. Du sollst dich sicher bei ihm fühlen, du sollst dich nicht komisch fühlen, wenn es dir mal schlecht geht und du Hilfe brauchst. Du darfst dich schwach fühlen, krank und ungeduscht vor ihm sein. Du darfst leiden, du darfst deine hässlichen Seiten zeigen und er liebt dich dennoch. So wie wir unsere Geschwister, unsere Eltern und unsere Kinder lieben. Bedingungslos. Das sind meine Erwartungen. Und das wurde mir jetzt erst bewusst. Nachdem ich zwei Jahre lang unter der Trennung gelitten hatte, nachdem ich am tiefsten Punkt angekommen war, war ich hoffentlich endlich wieder bereit. Bereit für etwas Neues. Bereit für etwas Schönes.

Garantiert ist nur der Tod. Ich liebe diesen Satz, denn er ist vielseitig einsetzbar. Vor allem wenn es um Erwartungen und neue Beziehungen geht. Ich möchte dir auf den Weg mitgeben, dass du dich niemals von strikten Erwartungen leiten lassen solltest. Es ist völlig gleich, wie dein Partner aussieht, was er dir zum Geburtstag schenkt oder wohin ihr auf Urlaub fahrt. Wichtig ist der Respekt. Und der sollte selbstverständlich sein. Ich glaube, wir verrennen uns oft. Wir denken, ein potenzieller Partner muss gewissen Parametern entsprechen, dabei sollte doch am wichtigsten sein, WIE ihr euch begegnet. Auf Augenhöhe. Wenn dein Gegenüber dich und deine Grenzen nicht respektieren kann, dann respektiert er dich und dein Wesen nicht. Von solchen Menschen solltest du Abstand halten.

Wichtig ist, dass du deine Werte kennst und weißt, was wirklich zählt. Werde dir der Attribute bewusst, die du in einer Beziehung brauchst, und bleib dir selber treu. Mache keine Ausnahmen, wenn eine Person diese Grundwerte und Attribute nicht mitbringt. Denn früher oder später wird das zu einer Krise in einer potenziellen Beziehung führen. Streiche das Wort »Erwartung« aus deinem Wortschatz und ersetze es mit »Selbstverständlichkeit«.

KAPITEL 14

Love Song

Nachdem mein Herz nun langsam wieder heilte, konnte ich mich auf einen neuen Menschen in meinem Leben einlassen. Wenn du mich kennst, kannst du dir vorstellen, über wen ich jetzt spreche. Ich möchte nicht zu sehr ins Detail über mein momentanes Privatleben gehen, ich möchte euch nicht damit zulabern, wie perfekt alles ist, wie sehr wir uns lieben, wie schön jeder einzelne, noch so banale Moment ist, aber ich kann dir sagen, dass ich das Gefühl habe, zu lieben wie nie zuvor. Diese Liebe fühlt sich so neu, so aufregend, so unschuldig an. So, als hätte ich davor noch nie geliebt. So, als wäre ich wieder ein dummer Teenager. Es ist unglaublich, aber ich schwöre, so fühlt es sich an. Wie meine erste große Liebe.

Realistisch oder rational ist das nicht. Meine erste große Liebe war mein Ex-Mann. Aber es gibt mir Hoffnung, und es sollte jedem da draußen auch Hoffnung geben, dass dieses Kribbeln, diese Schmetterlinge, dieses blöde Grinsen und diese leichtsinnige Liebe wieder kommen können. Diese Gefühle können immer und immer wieder kommen und sich vielleicht noch besser, noch intensiver oder noch echter anfühlen als je zuvor. Jedes negative Gefühl geht irgendwann zu

Ende und die Chance auf etwas Frisches und Echtes, die Chance auf eine neue Liebe besteht immer. Wirklich immer, da bin ich mir sicher.

Als ich diesen Menschen in mein Leben begrüßen durfte, als wir anfingen, uns näherzukommen, waren meine Hoffnungen nicht groß. Ich dachte mir: »Ach Lori, sei doch mal entspannt. Lebe doch einfach. Auch wenn es keine Beziehung wird, lass es doch einfach mal auf dich zukommen.« Diesmal ging ich die Sache langsamer an. Ich lerne aus meinen Fehlern. Ich war zwar vorsichtig, aber unvoreingenommen. Ich dachte nicht nur an das Schlimmste, an den Worst Case, sondern ich öffnete mein Herz, egal, was die Zukunft bringen mochte.

Ich konnte es kaum glauben. Nach all den Wochen und Monaten, ja nach all den Jahren voller Trauer und Leid, fühlte ich mich wieder verliebt. Hä? Ging das überhaupt? Nach all den Kippen, den Energydrinks, den Tränen und der Leere spürte ich wieder dieses Kribbeln in mir, diese Schmetterlinge. Dieses warme Gefühl, das sich so anders anfühlt als die hässliche Angst, die ich aus meiner Kindheit kenne. Es ist dieses andere, dieses schöne, wohlige Gefühl. Das gleiche Gefühl, das ich spürte, wenn mich mein Papa umarmte, wenn mir meine Mama über die Stirn streichelte. Dieses Gefühl, wenn du die Suppe isst, die nur deine Oma so hinkriegt, die du nirgendwo anders auf der gesamten Welt findest. Oder dieses Gefühl, wenn du mit deiner besten Freundin auf der Couch sitzt und ihr euch stärkt und aufbaut, während ihr gemeinsam Süßigkeiten nascht und über Gott und die Welt philosophiert. Einfach dieses Gefühl der puren Wärme, des puren Wohlfühlens. Das Gefühl der puren Liebe. Ich spürte es wieder. Und das, obwohl ich nach meiner Trennung dachte, dass ich es nie wieder fühlen würde. Verrückt.

Wenn ich heute an die Zukunft denke, dann verbinde ich sie nicht mehr mit Angst, sondern mit Freude. Ich freue mich auf das, was die nächsten Jahre bringen werden. Vielleicht höre ich mich auch kitschig an, aber ich freue mich auf die Zeit, auf die Geschenke des Lebens und die Momente mit meinen Liebsten. Die Geschenke, die nicht materiell sind, die Erfahrungen, die ich sammeln darf. Dabei ist jeder Tag mit meiner neuen Liebe und jeder Tag mit meiner Tochter bereits das größte Geschenk.

Kennst du den Spruch: »Ein Mensch ist entweder eine Strafe, eine Lehre oder ein Geschenk.«

Ich optimiere diesen Spruch ein wenig: »Ein Mensch ist entweder eine Lehre oder er ist ein Geschenk.« Denn kein Mensch der Welt, egal ob er dich verletzt, dir dein Herz bricht, dein Vertrauen missbraucht oder nicht fair zu dir ist, sollte als Strafe angesehen werden. Kein Mensch der Welt ist eine Strafe. Eine Lehre wiederum finde ich passend. Meine letzte Beziehung, meinen letzten Partner verstehe ich heute als eine Art Lehre. Und als Geschenk, tja, als Geschenk sehe ich meinen jetzigen Partner. Ich kann es nicht erklären, aber ich habe das Gefühl, mit ihm ein Geschenk erhalten zu haben, für all die Jahre, die mein Herz gelitten hat. Sozusagen als Wiedergutmachung. Durch dieses Geschenk konnte mein Herz vollständig heilen und sich neu öffnen. Es ist wieder rein. Hoffentlich bleibt es auch so.

Mittlerweile bin ich seit zwei Jahren in dieser Beziehung. Ich gebe mir tagtäglich Mühe, er übrigens auch. Genauso wie am ersten Tag. Ich muss ihn nicht jeden Tag erneut von mir überzeugen, ich bin mir bewusst, dass er meine wahren Werte kennt und ich seine. Deswegen funktioniert es auch so gut. Denn diese Werte, der Respekt, über den ich bereits sprach, ist einfach da. Ohne ihn zu hinterfragen, ohne ihn zu erzwingen.

Jeden Tag versuche ich, ihm eine Freude zu machen. Ich glaube, das hält die Liebe frisch. Ob ich mich nun schön für ihn anziehe, ihm Pancakes am Morgen backe und mit einem Frühstück im Bett überrasche oder seine Koffer packe, wenn er wegmuss. Es sind gewisse Dinge, die ich nicht für jeden tun würde, die ich aus Liebe mache. Denn Packen war beispielsweise nie meine Stärke. Noch schlimmer, ich weiß nicht einmal, wann ich für mich selbst zuletzt meine eigenen Koffer packte. Das macht seit vier Jahren meine liebe Assistentin, die mein Leben in vielen Aspekten bereichert. Aber du siehst, ich mache die Dinge FÜR IHN. Auch wenn ich sie nicht einmal für mich selbst mache. Weil es mir so eine große Freude bereitet, für ihn da zu sein.

Wenn du einen Menschen aus tiefstem Herzen liebst, dann handelst du aus einer völlig neuen Dimension heraus.

Wow, jetzt wird's aber wirklich langsam zu kitschig. Ich will auch gar nicht jede Kleinigkeit, die wir füreinander tun, hier ausführen. Wer weiß, vielleicht teile ich noch einmal in einer anderen Form, in weiteren Erzählungen, in einem anderen Kontext meine Erfahrungen, auch die schönen Seiten des Beziehungslebens, mit euch. Denn sie kann funktionieren, so eine Liebe. Sie kann schön sein, auch wenn dein Herz bereits gebrochen war.

Es dauerte eine Zeit, bis ich akzeptierte, dass ich wieder verliebt war. Es dauerte auch eine Zeit zu verstehen, dass er mein Mensch ist, auch wenn es von außen vielleicht nicht so aussieht, als wären wir füreinander gemacht. Immerhin ist er jünger als ich, in unserer Gesellschaft nicht unbedingt »normal«. Ich konnte mir anfangs nicht vorstellen, dass ein Mensch mit weniger Lebenserfahrung als ich mich besser als jeder andere Mensch auf dieser verdammten Welt verstehen würde. Aber er tut es. Er ist tolerant, akzeptiert mich, so wie ich bin, und ist in seiner Seele rein und liebevoll. Er macht mich zu einem besseren Menschen. Er ist unglaublich. Manchmal frage ich mich: »Degah, womit habe ich das verdient?« Er ist erst 22 Jahre alt und versteht mich trotzdem blind. An dieser

Stelle will ich dich auch darauf aufmerksam machen, dass Alter, Aussehen, Herkunft, ja auch Religion und Kultur in der Liebe keine Rolle spielen. RESPEKT ist der Schlüssel, auch wenn ihr euch in vielen Dingen unterschiedet. Die Liebe kennt keine Regeln. Und wer weiß, vielleicht hätte mich dieser unglaublich reife, reflektierte und empathische 22-jährige Mann auch nie lieben gelernt, hätte ich nicht diese Scheiße durchlebt, die ich hier mit dir teilen durfte.

Ich lernte also, dass ein kaputtes Herz wieder heilen kann. Mein Herz war richtig zerstört, nicht nur kaputt, es war demoliert, und dennoch konnte ich mich neu verlieben. Nach zwei Jahren bin ich noch immer so verliebt wie am ersten Tag. Nein, eigentlich noch verliebter als am ersten Tag, als in den ersten Wochen und Monaten. Ich bin verliebt. Von Tag zu Tag spüre ich mehr Liebe, so viel, dass ich das Gefühl habe, bald zu platzen. Nach zwei Jahren Beziehung hoffe ich, dass wir noch viele weitere vor uns haben.

Es gibt keinen Worst Case mehr. Ich blicke positiv in die Zukunft, wie auch immer sie aussehen mag. Es hat gerade erst begonnen.

*Ich weiß, dass am Ende
alles so kommt, wie es kommen soll.*

Ich erzähle euch hier von meiner neuen Beziehung, um euch verstehen zu lassen, dass das Leben und die Liebe wieder gut werden können. Egal wie tief du gerade in der Scheiße sitzt, egal wie traurig, deprimiert, wie wütend oder verletzt du gerade bist oder in Zukunft sein wirst, ES WIRD WIEDER BESSER.

Jedes Herz kann heilen, dabei macht es keinen Unterschied, wie lang oder wie intensiv eine vergangene Beziehung war. Auch wenn der Schmerz des Verlustes noch so tief sitzt, irgendwann scheint die Sonne wieder, erhellt selbst die dunkelste Gosse. Am Ende geht es darum, was du mit deiner Erfahrung, mit deinem Schmerz machst. Du darfst dich nicht stressen, doch irgendwann, und bitte vertrau mir, irgendwann wird alles wieder gut. Verdammt gut sogar.

Lori out

Seit der Trennung mit meinem Ex ist viel Zeit vergangen. Heute, sechs Jahre später, ist mein Leben wunderschön. Ich bin glücklich. Mit mir im Reinen. Von Grund auf zufrieden. Seit zwei Jahren bin ich in einer neuen Beziehung. Und wisst ihr, was das Schönste daran ist? Zu sehen, wie mein neuer Partner mit Hana umgeht. Und sie mit ihm. Zu beobachten, wie diese neue, so andere Liebe, so gut in mein Leben und in meine Familie passt. Er ist jetzt Teil meiner Familie.

Als ich noch vor ein paar Jahren am Boden war, hätte ich niemals gedacht, jemals jemand anderen in mein Herz zu lassen. Heute habe ich ein neues Familienmitglied. Und dafür bin ich dankbar. Denn ich empfinde keinen Hass mehr, nicht für meinen Ex, auch nicht für die ganzen Hater, die mich damals beschimpften. Mein Ex und ich sind trotz der einvernehmlichen Trennung keine Freunde mehr, was vielleicht an unserer Kultur liegt, oder an ihm, denn ich hätte kein Problem damit. Dennoch empfinde ich keine negativen Gefühle ihm gegenüber. Wir sind an unserer gemeinsamen Zeit gewachsen, erlebten viel miteinander, ob gut oder schlecht, wir kennen uns und werden durch Hana auch für immer verbunden sein. Würde dem Vater meiner Tochter etwas passieren, wäre ich sofort da. Denn er gehört zu den wenigen Menschen in meinem Leben, die ich einst liebte. Das hat für immer eine Bedeutung. Von ihm durfte ich einiges lernen, wir lachten und weinten gemeinsam, wir stritten auch, aber ich nahm so viel aus dieser gemeinsamen Zeit mit und heute kann ich nur noch Danke sagen dafür. Er war mein Wegbegleiter und wird es auch in Zukunft sein. Wenn es hart auf hart kommt, bin ich da.

Groll und Missgunst sind Hurensöhne. Sie halten uns davon ab, zu heilen. Wenn sie sich in unser Leben schleichen, dann ist es schwer, sie wieder loszuwerden. Sie ziehen uns runter und wegen ihnen stecken wir in Trauerphasen fest. Wie sehr du dich auch durch eine Person verletzt fühlst, es bringt dich nicht weiter, sie zu hassen. Du musst mit dir selbst ins Reine kommen und darauf verzichten, deine Trauer und deine Wut auf diese Person zu projizieren. Aber merk dir eines: Hör auf dein Gefühl und dein Timing. Denn jeder geht anders mit Herzschmerz um und jeder darf seine eigene Timeline und seine eigenen Mechanismen verwenden. Ich möchte nicht, dass du denkst, du musst zwanzig Kippen am Tag rauchen, um über deinen Ex hinwegzukommen. Ich will dich nicht dazu animieren, dich abzumagern und nur Red

Bull zu trinken, wenn du am Boden bist. Mache mir das auf keinen Fall nach! Sei aber nicht zu streng mit dir selbst und erinnere dich immer daran, dass auch Loredana weinend auf dem Sofa mit einem Becher Eis sitzt, wenn es ihr mal so richtig dreckig geht. Denk dran, dass du nicht allein bist.

Vielleicht mag nicht immer alles richtig sein, was ich sage, ich bin auf keinen Fall allwissend. Aber in diesem Buch ließ ich meine Fassade fallen. Auf diesen Seiten war ich ungefiltert ich selbst und teilte meine tiefsten Ängste und Sorgen, mein Leiden, aber auch meine Hoffnung und mein neues Glück mit dir. Ich offenbarte dir meine Gefühle. Vielleicht wachsen wir so nun gemeinsam daran.

Deine Lori